マリアの風に乗って

聖母の騎士修道女会
岡立子
Ritsuko Oka

教育評論社

装画　鈴木万葉
装幀　井川祥子

まえがき

「まえがき」も「あとがき」も同じような内容になる気がする。ただただ「感謝」だから。

「シスターが私に送ってくださる『独り言』を連載記事にしませんか。シスターは今まで通り、思いつくまま『独り言』を送ってくだされればいいんです。私が編集しますから」。「え～っ。私の『あの』独り言を連載にですか？　修道者も、転んだり起き上がったりの日々を生きている『ただの人間』って証ししてるみたいなものだけど……。金澤さん（後に『カトリック生活』の、私の連載の「協働者」となる）がそうおっしゃるなら始めてみましょう。その代わり、もう止めた方がいい、と思ったら、私のことは気にせず、いつでも自由に止めてくださいね」……と、こんな感じで始まった連載が、百回を超えた。

「独り言」だから、次から次に出てくることもあれば、「そろそろ、独り言のストックがなくなってきました。何か送ってくださいませんか？」と金澤さんから控えめに催促されることもあった。「書こう！」と思えば、なおさら書けない。風に吹かれて生まれてくるような「独り言」だから。それでも、何か書かなきゃ……でも、書けない……。そして、あるとき、私は「悟った」。というより、金澤さんが私に悟らせてくださった。「シスターは、マリアさま『について』書く、というよりも、マリアさまと『ともに』歩む旅の中での、シスター自身の独り言を書いていらっしゃるんですね。まさに『マリアの風』（連載のタイトル）に吹かれて、信仰の旅路を歩む、って感じですね」。そう言われて、私自身、納得した。

ナザレのマリアは、イスラエルの民の娘、キリストの民の始まり。天地創造の初めから、世の完成のときまでの、壮大なスケールの神の民の歩みが、マリアの中に反映している、と言ったらよいのだろうか。私たちは、神の母としてのマリアを崇敬すると同時に、「私たちの一人」、私たちに先立って信仰の旅を歩んだ、私たちの「姉妹」であるマリアを身近に感じる。マリア自身、「私を見て！」とは、決して言わないだろう。「はい、私は主の仕え女です。お言葉どおり、この身になりますように」（ルカ1・38）。「私の魂は主を崇め、私の霊は救い主である神を喜びたたえます。この卑しい仕え女に目を留めてくださったからです。今から後、いつの世の人も、私を幸いな者と言うでしょう。力ある方が私に大いなることをしてくださったからです」（ルカ1・47〜49『聖書協会共同訳』より）。何と率直で明瞭、謙虚で大胆な言葉だろう。マリアは、神と「対話」するよう教育されてきた神の民の娘、民の最高の実りである。

私のありのままの「独り言」集が、マリアと共にキリストに従う道の喜びを分かち合うものであることを願っている。人類の歴史の中で、一人の人間、一人の母が経験した最も暗い闇の中で、肉の目では見えない復活の光を信じ続けた母を、主は私たちの母として、賜物として与えてくださった。これ以上の喜びがあるだろうか。

目次

・本文中の聖書箇所は特に断りがない限り『聖書新共同訳』（日本聖書協会）からの引用である。引用箇所は太字で示した。
・ルカ福音書1章38節、47〜49節は例外として『聖書協会共同訳』（日本聖書協会）の訳を採用した。
・フランシスコ会聖書研究所訳注『聖書』（サンパウロ）の訳を使用した場合には、出典箇所に〈フラ〉と表記した。

Chapter 1

神さまに心の目を開いて

「待つ」心

「マリアさまの連載をいかがでしょうか」

私にとっては「摂理的」な招きのメールが飛び込んできた。そして、メールを受け取ったのは、これまた摂理的、私がたまたま母校「マリアヌム」神学院（ローマ）を訪れていたときだった。

ちょっと「停滞期」

絶頂期があったわけではないから、「スランプ」なんて言えないかもしれない。

神学の中で、主の母マリアのことを七年間勉強し、帰国してからもうすぐ五年。恩師たちからいただいた素晴らしい宝を、日本語にして、何とか一人でも多くの人と分かち合いたい。はりきって、あとからあとから、書いた。思いつくまま、マリアへの私の思いを。

そして今、ちょっとした「停滞」状態、宝の詰まった器をひっくり返して、分け合い尽くして……。そんな折に、連載の話。今まで書いたかなりの量の「独り言」を、つないでいくこともできる。でも、「マリアさま、そばにいてください」と祈る中で、何かがぼんやり見えてきた。

マリアの心で日々を生きるとは、スランプ状態をありのままに受け入れることではないか。「ない」ところから無理やり何かを絞り出そうとするのではなく、今の状態を「新しい」状況、何かが生まれて来るための準備の状態、そしてその主役は私ではないと、謙虚にありのままに受け入れることではないか。そして……「待つ」こと。

「何をしているのか」から、「何を心に秘めているのか」へ

ローマで勉強していたころのこと。人と出会う機会がたくさんあった。「世界の東の果て」から来た、ローマに修道院を持たないちっぽけな修道会所属の、一人のシスター。「どこから来たのですか?」から始まって、初対面の挨拶は、ほとんど型どおりに進む。

「あちらの（なぜか「日本の」とはあまり聞かれない）主な宗教は何ですか?」「カトリックの人口はどのくらいですか?」「あなたの修道会に若い人はいますか?」「召命はありますか（修道会に入ろうと願う人たちはいますか）?」

なぜか私はいつも、『星の王子さま』の冒頭の話を思い起こしていた。なぜもっと、数字ではなく中身の話をしないのだろう。少ないなら少ないなりに、どのくらい熱心に修道生活をしているか、とか、若者が少ないなら、年取ったシスターたちがどのような信仰の証しをしているか、とか。あたりさわりのない通りすがりの挨拶に、そこまで突っ込むのは面倒だし、その必要もない……のだろうか?

マリアについて思いつくままにいろいろと書いてきて、今、ちょっと停滞、と言った。大切な

のは、どのくらい書いたか（数字）ではなく、それがどこから出てくるのか、私は「何を心に秘めているのか」（中身）だろう。

恩師たちから受けた宝は、私の残りの生涯を費やしても受け継ぎ尽くすことはできないほど豊かである。私はそれを、どこまで反復し、消化し、心に納め、私の言葉、私の生き方にしているのか。今、それを問われているような気がしてならない。

「待つ」こと

そういう意味で、停滞状態は幸いなのかもしれない。いただいたものを、そのままただ横に流すのではなく、私の中に還元し、私の言葉にし、私の生き方にする……。それには「待つ」ことが必要だ。どのように素晴らしい材料がそろっても、それだけでは充分ではない。発酵させる「時」が必要だ。そしてこの「待つ」ことを、効率・能率主義の世界は嫌う。そこでは「待つ」ことは、ネガティブな響きをもつ。

私はせっかちでありながら、小さいころから、なぜか「待つ」ことはそんなに苦にならなかった。というより、私が生まれたとき、家には電話も、テレビも、車もなかった。家の近くにはバスも通っていなかった。社会全体がそうだったのだ。そんな中で、「待つ」ことはごく普通のことだった。子どものとき、時計を持っていた記憶もないし、時間を気にしていた覚えもない。夕方になったらお母さんたちが、広場で遊んでいる私たちを夕食に呼びに来たものである。

ボーっと空を眺め、風の移り変わりを感じたりしながら、待つ。同じ時間を待つなら、イライラして待つより、その時間のありがたさを味わいながら待つほうがいい。待っているからと言って、時間が「無駄になっている」のではないのだから。

何かの行動を起こす前に待つ時間が充実していればいるほど、その行いに、心が入る。私はそう思っている。シーンとした修道院の朝の聖堂。ミサの聖歌伴奏のために、オルガンの最初の一音を響かせるときの緊張。それは私にとって、「待つ」時間の実りである。

楽譜を見て、パッと弾くこともできるだろう。でも私には、その曲の「顔」を心で描く「待つ」時間が必要である。そうでないと、オルガンを弾く指は、心とは別に動いていく。時間ぎりぎりに聖堂に入って来て、あわててオルガンを弾き始めると、心が乗らないまま、何を弾いているのかわからないまま、その曲が終わってしまう。

待つことは、無駄どころか、豊かな実りを生み出す潜在力を秘めた「時」なのである。

「はい」に秘められた、マリアの心

二千年前、ユダヤ地方の辺境の村、ナザレ。十五、六歳の、まだ少女とも呼べるマリアは、神の救いの招きに、人類の歴史を決定的に変える「はい」を差し出した。私たち人間の日々の生活、労苦と喜びの中に営まれる普通の日々の中に、神ご自身が入り込んだ瞬間である。

神は真《まこと》に、「私たちと共におられる神」になられた。それだけでも信じられないことなのに、神は、マリアの胎から、マリアの血と肉をまとって人間になることを望まれ、マリアがそれを「はい」と言って受け入れる、その瞬間を待たれた。

神の「やり方」はいつも同じである。偉大なわざを行われるとき、最も小さな、貧しい道を選ばれる。イスラエルの父祖、アブラハムの時代から、一貫してそうである。アブラハムからナザレのマリアまで、千五百年とも、二千年とも言われる。イスラエルの民は、神と共に「待つ」ことを学んだ。ただ何となく待つのではなく、神が約束された救いの実現を、希望の中に待つのである。「イスラエルよ、心の底から喜び踊れ」と主は言われる。「わたしは祭りを祝えず苦しめられていた者を集める」と（ゼファニア3参照）。

マリアは、確かな希望の中に「待つ」民の娘である。マリアの「はい」（ルカ1・38）は、そのとき、急に出てきた言葉ではない。彼女の民が、二千年もの間、心に納め、思い巡らしてきた神の約束への、「はい」である。その言葉に秘められたマリアの心は、神の心と響き合い、「待つ」美しさを表している。

マリアの風にすべて委ねて

当たり前のようにそこにいた

私の、マリアとの出会い、と問われれば、答えがあるような、ないような。
私にとって、イエス・キリストとの出会いは強烈であり、その後の私の生き方を根底から変えるものであった。けれど、マリアとの出会いは……。いつもそばにいて、ずっと気づかずにいたその存在に、あるとき、ふと気づき、なんだかありがたく、なつかしく、温かくなるような。そう、マリアは私にとってまさに「お母さん」である。子ども（私）の、モタモタ、オタオタの歩みにそっと寄り添う、お母さん。

子どものころ、学校が終わって、校庭で遊び、山道を寄り道して家に帰ると、必ず母がいた。家にはお母さんがいる。私にとって、それは当たり前のこと。そんな「当たり前」に感謝できるようになったのは、ずっと後になってからだ。とりたてて考えなくても、いつもそこに「いる」母。言葉より先に、存在で近くにいる母。

キリストと出会ってから、いつのまにか「当たり前」のように、その母マリアの存在を受け入れていた私。私の中に刻み込まれている母の姿がそうさせたのかもしれない。

二十九歳でイギリスの小さな町でキリスト教の勉強を始めたときから、「マリアお母さん」は私の「旅」に寄り添っていた。準備の勉強をしてくださったのは、マリアを心から慕っていたA神父。「勉強の日はマリアさまの日にしましょう」と、土曜日に。温かい祈りに包まれて勉強した、そんな思い出がある。

私の渡航ビザの残りは一年もない。短い時間で、しかも母国語ではない言葉での勉強。あのとき、どうやって信仰を理解し受け入れることができたのか……、洗礼を受けるまでに、そして帰国後、生涯をイエスにささげる奉献生活を望むほどになるまでに……。いまだにわからない。好き勝手に生きていた私さえ見捨てず、いや、まさに私のために生命をささげてくださったイエスの、大きな心に感動し、感謝し、賛美することを学んだあの日々は、私にとっていまだに神秘である。「マリアお母さん」の懐で、その風に吹かれて、と私はイメージしている。

さて、キリスト教の勉強を始めてから八カ月。私を見守っていてくれたアイルランド人のメリー（後に私の代母となる）は、「キリスト教ではない国」に帰らなければならない私が信仰を忘れてしまうのではないかと心配した。

A神父も同じ思いで、私は帰国直前、被昇天の聖母の祭日近くに洗礼を受けた。それは奇しくも、時の教皇ヨハネ・パウロ二世が定めた「マリアの年」に当たっていた（これは、それからずっと後、マリア論を勉強し始めたときに初めて気がついたことだが）。

実は、代母やA神父ほどに、私は自分の信仰がなくなることを心配していなかった。私の洗礼式の数日前、時々、メリーと一緒に訪問していた老人ホームのおじいさんが、お祝いにと、水色のロザリオ……亡くなった奥さんの形見……を手渡してくれた。私はそのロザリオを手に、「マリアお母さんの風に吹かれ、それに乗っていけば大丈夫」と思った。

それから——

茨城県出身の私が、マリアお母さんの風に乗って、長崎の聖母の騎士修道女会に入会したのは、「キリストとの出会い」から二年後。短いと言われれば短いが、私にとっては長い旅の後にようやくたどり着いた終着点であり、新たな出発点だった。そして、それから約十年後……。

「君！　君はうちの学校で、マリア論を勉強しなさい。私が学校の評議会にかけてあげるから、すぐに学歴をファックスで送りなさい」

「はあ？　私ですか？　そんな急に、何も私でなくとも……」

「君の修道会の中で、ほかにイタリア語がわかるシスターがいるのか？」

「いいえ、今はいませんが、誰でも勉強すればそのうちに……」

「何をのんきなことを言っているんだ！　イタリア語がわかる君が勉強するのが、一番早いではないか。ごたごた言わずに、私の言うとおりにしなさい！」

これが、何も知らない私にマリアに関する神学への世界を開いてくださった、「恩師」サルバトーレ・ペレッラ神父との出会いだった。

場所は海の向こう、ブラジルの首都、ブラジリア。あるマリアに関する国際会議に、修道会会長の通訳で出席していた。そして、あの日。昼食後の休み時間。誰もいない……と思っていた回廊を歩いていると、向こうの角を曲がって、会議の講話者の一人、サルバトーレ神父が、私の方に向かって歩いてくる。神父とは面識もなければ、個人的に話したこともない。いまさら逃げるわけにもいかない。私たちは回廊の真ん中で「出会った」。

緊張した私のたどたどしい挨拶で始まった対話。「ナポリ人」のサルバトーレ神父は単刀直入である。私が何か言いたげにしていたのだろう。ついに「何が言いたいんだ。言いたいことがあるなら言いなさい！」と。私はオドオドと、神父の話に興味をもったこと、私たちの修道会はマリアの心で生きていること、修道会の誰かがマリアについての勉強ができたらいいと思っていることを、率直に話した。

その答えが、神父の先の言葉である。何でも即実行の神父は、その夜、私の修道会会長と会い、「宣言」した。

「このシスターは、私が責任をもって、私の学校でマリア論を勉強させます」

結局、神父の熱意が勝った。その一年後、私はローマに派遣された。

存在全体を明け渡す

もしあのとき、ブラジルに行かなかったら。もしあのとき、回廊を歩いていなかったら。もしあのとき、サルバトーレ神父が挨拶だけで通り過ぎて行ったら……。私のマリアとの旅は、たくさんの「偶然」の重なりである。決して要領がいいとは言えず、さして優秀でもなく、とりたて何ができるわけでもない私。キリストと出会ったあのときから、いつもぎりぎりすれすれのところで「マリアの風」に吹かれ、それに委ねて不安の中にも一歩を踏み出してきた。マリアの風は、私から苦しみを取り去ることはしない。十字架のもとで、闇の中にもみなぎる神の力を信じ、思い巡らしていた母マリア。マリアの風は、信じて「委ねる」風、そして委ねるとは、私の理解、力を超える、大いなる方に、私の存在全体を明け渡すことである。

主の母マリアの中に、どんなに神が私たちを大切に思っているかが表わされる。マリアは貧しく小さな者である。そして力強く、勇気ある女性である。人間は、神の恵みの風に吹かれるとき、こんなにも自由になれる。最も深い闇にあっても、「喜びなさい！　私はあなたのただ中にいる」（ゼファニヤ3参照）という主の声を聞き分けることができる。

この女性の神秘に入れば入るほど、神の心に分け入っていく。それは、「私」への神の心、神の思いでもある。

「風」に乗る旅路

旅する母

私の仕事机の上には、ローマで勉強していたころ、降誕祭近くに、ナヴォナ広場の有名な「プレゼピオ（クリスマスの馬小屋）」のマーケットで購入した小さな聖家族の像がある。直立不動ではなく、エジプト逃避を表している「旅する」家族である。幼子イエスを抱いた母マリアはろばに乗り、家長ヨゼフは、ろばの首に手を乗せながら、家族を守り導いている。

ナポリ製のこの小さな像を見たとき、私はうれしかった。故郷を離れ、修道家族を離れ、母国語ではない言葉で授業を聞き、本を読み、ゼミの論文も書かなければならない。普段は忙しくて感じている暇もないが、時々ふと（特に日曜日や休暇など）「こんなところで、こんなことをしていていいのだろうか？」と思うことがあった。

私が所属しているのは、小さな修道家族である。恒久的に人手は足りないし、高齢の姉妹でも現場で働けるまで仕事をしている。私をローマで勉強させるのは、経済的にも実際的にも、修道家族にとって難しい決心だったことは明らかである。

それなのに……私は本当に期待に応えているのだろうか？　この時間は、無駄になっていないのだろうか？　そう思い悩んでいたとき、この「旅する聖家族」の像に出会った。

「祖国」への旅

神の民は、「巡礼者」にたとえられる。地上を旅する民である。

どこへ向かって？　はるか昔、三千年または四千年以上前、神はご自分の民の太祖となるアブラハムを呼び、こう言われた。

「あなたは生まれ故郷　父の家を離れて　わたしが示す地に行きなさい」（創世紀12・1）。**その地で、「わたしは、……あなたとあなたの子孫の神となる」**（創世記17・7）と。

聖書はただ一言、「アブラハムは、主の言葉に従って旅立った」（創世記12・4）、**「アブラハムは主を信じた」**（創世記15・6）と記している。

神の民は、その最初から「旅」の特徴を帯びている。しかも自分が行きたいところに行くのではなく、神がその民に賜物として与える「約束の地」――神のいのちの場――への旅である。

旅は危険を伴う。旅は新しい出会いを内包する。旅は自分から出て（解放され）他者に向かう。人が一生涯とおして続け貫く、神の懐に入っていく過程である。初代教会の教父たちは、イエス・キリストの降誕を、「神が人となった。人が神となるために」と表現した。「驚くべき交換！」と。

まず、神が自分から「出て」、「旅」を始めたのだ。それも何という旅！

永遠なる方が、時間と空間の限界の中に生きる人間となる。全能の方が、家族の世話を必要とする乳飲み子となる。嫉妬心から彼を殺そうとする王から逃れるため、母の腕に抱かれることを必要とし、養父ヨゼフに導かれることを必要とし、ろばを必要とし……。全宇宙の創り主が、地上を旅するのに、他者の力を必要とする。そして彼は、自分を抱いている母のあがない主である。キリストの中に現わされた神は、私たちが想像する「偉大な神」とは何と違うのだろう。

主イエスの復活の光に照らされて、初代教会は「すべての人の救いのために」、聖霊の力によっておとめマリアから生まれ、人となられたイエス・キリストへの信仰を宣言する。「すべての人の救いのため」これほど小さく、貧しく、みじめになられた神の御子。他者のための、自分からの完全な離脱、脱出である。

自分から「脱出」する旅

交通手段が便利になった今でも、旅には不意の出来事、不便さ、危険はつきものである。

かつて、私が乗ろうとした飛行機の出発が機体不備で長時間遅れたことがある。アメリカの空港に着いたとき、私が乗り継ぐべき国内線は出てしまった後だった。預けた荷物もいったん引き取らなければならない。空港のスタッフに状況を尋ねる。説明してくれるが、なにしろ英語である。一つの数字、一つの言葉でも間違って理解すれば、目的地に着けない。こちらも必死である。うるさがられても、何度もしつこく確認する。

自分のテリトリー内だったら、どうにかなるさ、というところだが、初めて行く場所である。どんな小さな助けでも、心底ありがたいと思える私がいる。一言のやさしい言葉に感動できる私がいる。思いどおりにならない、計画どおりにいかない中で、助けを求めなければ前に進めない私がいる。自分の行動範囲内で「安全に」生活している限り、経験することはできない、自分からの「脱出」。

またあるとき、ミラノの空港に到着するのが遅くなった(霧のためだったか?)ことがある。飛行機の便が軒並み変更になり、皆、航空券の変更手続きをしなければならなかった。どのような状況なのか把握できないまま、すでに長蛇の列ができていた航空会社のカウンター前に、とにかく並んでいた。もう夕方である。

そのとき、近くに並んでいたかなり現代風の若者(修道服姿の私とは、まったく不釣り合いな服を着ていた)が、「シスター! 困っているの?」と声をかけてきた。普段だったら適当にごまかして答えなかったかもしれないが、このときは緊急事態である。「ローマの修道院に帰るのが遅くなるのではないかと心配で。玄関の鍵も持っていないし……」とありのままに答えた。するとこの若者、「わかった、僕についてきて!」と言い、「皆さ~ん、すみません、このシスターが急いでいるんです。先に手続きをさせてくださ~い!」と、私をどんどん前に連れて行った。

彼のおかげで、私は、直後の飛行機に乗ってローマに帰ることができた。しかも、ありがとうと言おうとしたら、彼は人込みの中にまぎれてどこかに行ってしまった後だった。自分からの脱出——自分の偏見、思い込みから出たからこそ、この若者のありのままの心に素直に触れることができた。旅の「風」が、私を素直にしてくれた。

この連載のタイトルを考えたとき、すぐに「風」と思った。マリアと歩く信仰の旅路は、「風」に乗る旅である。復活のイエスの息吹、創造主の神のいのちの風、聖霊……。「**お言葉どおり、この身になりますように**」（ルカ1・38）、と生涯生き抜いたマリアに、風は何とふさわしいのだろう。

愛がなければ……

愛を表す「しぐさ」

マリアさまについて、いろいろ尋ねられる。興味をもっているというしるしであり、うれしい。でも……「愛がなければ」わからないだろうな～と、思うこともある。

マリアを愛することなしに、マリアをたたえることはできないだろう。マリアをたたえることなしに、マリアを知ることはできないだろう。そして、愛は、ジェスチャー（しぐさ）を伴う。

愛しているとき、人はその相手に会ったり、声を聞いたり、手紙を書いたりするのに、時間がもったいないとは思わないだろう。愛しているとき、その相手のためにすることは「しなければならない」という義務ではなく、苦労さえも喜びとなる。

「愛がなければ……」は陳腐な表現かもしれないけれど、やっぱり、そうなのである。

私がいる本部修道院では、折々に、マリアをたたえる「手作り賛美」のときをもつ。シスターたちは一つのところに集まり、声で、歌で、「しぐさ」で、マリアへの愛を共に表す。心だけでなく、体でも表現する。そうやって具体的に表現された賛美、崇敬、感謝は、知らず知らずのうちにマリアへの愛を深めていくのである。共同生活をしていればいろいろあるけれど、マリアを愛することにおいては、皆がどこまでも単純に一つになる。

心と、体、頭は、一つである。相手への愛が深まれば、それだけ、一つ一つのしぐさが温かく、やさしくなる。頭だけで理解しても、「愛する」ことには直結しない。

マリアの神秘を一生懸命わかろうとして、教義を研究するのは有益だ。でも、知識は愛によって、愛はしぐさによっても養われることを、忘れてはならないだろう。

愛から生じる理解、直感は、私たちを神の心、神の思いの中に浸す。こうして神の思いの中で、人智を尽くして神の学問——神学——を営むとき、信仰と理性は、大きな「全体」の中に調和していく。

愛する人は、愛する対象を研究するより先に、観想する。見つめ、あこがれ、その神秘を尊重する。

今、何がいちばん大切なのか？

教会の誕生のときから、キリストの民は、主の母の神秘を大いなる驚きと、畏敬の念をもって見つめてきた。「知る」よりも先に、「愛する」態度で……。マリア自身、神の心の計り知れなさに、心底驚嘆し、それを声にしている。

私の魂は主を崇め、私の霊は救い主である神を喜びたたえます。この卑しい仕え女に目を留めてくださったからです。（ルカ1・47〜48）

主の母、マリアの神秘を、まるで、手術台の上で切り刻んで調べるみたいに研究しようとしても、単純で澄んだ心で驚きをもってマリアを見つめる人が知り得ることを、知ることはできないだろう。逆立ちしたって無理である。

そういう意味でも、神秘を神秘として尊重し観想する東方教会の典礼的崇敬態度を、私たちはもっと学ばなければならないだろう。東方教会では、マリアは「神の母（テオトコス）」の名称で呼ばれ、崇敬されてきた。この名の中に、すでに計り知れない神秘が隠されている。マリアの無原罪の宿りの神秘、体を伴う被昇天の神秘についても、だから、「研究」する前に、三位一体の神の前にへりくだって、祈り、見つめる態度が必要だと感じる。まず、私自身に。

そういう話をすると、この忙しい世の中で、地球が破滅するかもしれないという危機にさらされているときに、そんな悠長な話を、と言われるかもしれない。でも、そもそも私が息をして、生きている、まさに今、何をいちばん大切にしているのか、また、したいのか？と、ちょっと立ち止まって、自問してみたい。

懸命に勉強して、世のため人のために働いて、家族を養って、子どもたちが巣立って……、その挙句、しぼんだ風船みたいに愛の抜けた体を引きずり、疲れ果てて何もかもが空しくなる、そんなときにこそ問いかけてみたい。私にとって、今、何がいちばん大切なのか？と。

神の神秘を神秘として受け入れ、次々とくる失望や苦しみを、澄んだ心で信じて受け入れていったマリア。それは決して消極的な生き方ではない。あの時代の女性の身分、しかもたぶん寡婦（やもめ）だっただろう身分を考えてみれば、あのように「自由」なマリアの生き方は、勇気と強い信念がなければできないだろう。

何もかもが私の意志、望みに反して回っているようなとき、その、自由で勇気あるマリアが私のそばにいてくださる。頭では理解できないことだけれど、でも、それを「知って」いる。こういう「知識」は、伝えたくても伝えられないものである。

「あなたはわたしの愛する者」

マリアの被昇天って何ですか？　体と魂が一緒に天に上げられた、ってどういうことですか？と聞かれる。それについて、聖書は何も具体的に語っていない。

けれど、キリストの民は、神を宿したその母の体が、死んだあと腐ってしまうなんて想像することさえできなかった。神であるキリストの体が、死の傷によって一瞬でも触れられるなど、考えられなかったのと同じように。

この、神の民の「知恵」はどこから来るのか。「愛する」心からだ、と、私は思う。教会の教父たち、著作者たちの、マリアをたたえる説教、賛歌を日本語に訳していると、偉大な知識人であったはずの彼らの、単純とも言えるマリアへの尊敬に満ちた愛が、脈々と伝わってくる。

東方教会の典礼は、神の母をたたえて歌う。天さえも納めることができない神を、あなたは胎の中に納めた、と。「知恵」であるキリストの、地上での「玉座」となったマリアの体。すべて汚れたものを焼き尽くす炎である神の現存が、このおとめの胎の中では、静けさとやさしさの神秘のベールに包まれる。母と、胎の子との間の、沈黙の中で営まれた、「愛する」者たちの対話は、どんなだっただろう。どんな知恵ある者も、思いもつかなかった神秘！

カトリック教会典礼において、マリアの被昇天はマリアの最も大きな祭日であり、マリアに関する祝日の中で、唯一「前晩のミサ」をもっている。「愛する」心には、それがなぜだかわかる。マリアの、けがれのない宿りで始まった生命の完成が、被昇天（天の生命への誕生）である。それは、神がまず私たちを愛してくださった、という真理を輝かせていると言えるだろう。つまりそれは、私たち一人ひとりへの神の、「あなたは私にとって大切な者。わたしの愛する者」というメッセージでもある。

マリアの被昇天、それは神の恵みにあふれるほどに満たされ、それほどまでに「愛する」神に、生涯を貫く「はい」で答えた一人の貧しい、勇気ある女性の生きざまの結集であり、すべての神の民（私たち）に約束されている将来の姿……神のいのちの中に輝く……の先取りである。

神のことばに「形造られる」

生きている神のことば

信仰とは、神のことばを「受け入れる」こと。聞き、守り、行うこと。神のイニシアティブに、身を「委ねる」こと。

神のことばに「従う」とは、どういうことだろう。紙に書かれたものを「文字どおり」行えばいい、というものではないだろう。

神と人間との関係は、「あなた」と「わたし」の間の、対話、交わりのダイナミズムである。単に、「あなたに言われたことをすべてしました。だから、かんぺき！」というような、どちらかと言うと、いわゆる「放蕩息子のたとえ話」のお兄さんみたいな態度は、どう考えたって、神のことばに従っているとは言えない気がする。あの、「兄バージョン」の「かんぺきに従った！」には、何か欠けているような気がするのだけれど……。

神のみことばそのものが「肉をまとい、人となり、私たちの間に住まわれた」ということは、とても深い神秘である。一生かかっても汲みつくせない神秘だと思う。

神のみことばが、私たちの「手で触れられるもの、耳で聞けるもの、目で見えるもの」となったことによって、私たちはもはや聖書の、紙の上に書かれた言葉だけではなく、その言葉の奥、源にある、神の思い、神の心にまで触れることができるようになったのだから。

私にとって神のことばは、昔々、先祖に語られた、何か「遺品」のようなものではなく、今、ここで、生き生きと語られている言葉なのである。神は、昔、天地を創造して「これでおしまい！」と満足した神ではなく、「生きておられる神」、「私たちと共におられる神」なのだから。

「兄バージョン」は、紙に書かれた言葉に間違わないように忠実に従う、そこまでで限界である。でも、今、神のことばは、文字を超えて、神の、脈打つような生き生きとした息吹の中に生きている。そう、神のことばは、「生きている」のである。

そして、この神のことばに従う、とは、歯を食いしばって、到達できない目標を眺めて自己嫌悪にひたりながら、卑屈になって従おうとするのでは、決してない。

神のことばに造り変えられる

生きている神のことばに従うとは、何よりもまず、生きている神のことば——神の息吹——に、「造り変えられる」にまかせる、ということだろう。

神のことばは、生きているからこそ、私を外から教育するだけではない。語られている「ことば」そのものが、私を造り変える力を秘めていると言えないだろうか。

私の側に求められている、たった一つの条件は、私が、自分自身のエゴから「出て」(Exodus)、自分を「開く」ということだろう。「開く」というのは、委ねること。そして、信頼して委ねることができるためには、「開く」対象を「知る」必要がある（知らない相手に委ねることはできない）。

神と人との間において、「知る」とは、「愛する」こと以外のなにものでもない。イスラエルの知恵文学が教えているように、神を愛さずに、知ることはできない。神の民の「知恵」とは、「神のことばに参与する」ことだからである。

私たちが、神のことば、生きている神の息吹によって造り変えられるそのプロセスは、個人的なものだけではない。神の息吹は、神の御手から出た造られたすべてのものの上に注がれる。「私」は、「私一人」だけで、神のことばに参与することはできない。

私の短い一生、乏しい知識では、到底捉えられない神の心は、実は、何千年以上にもわたって、神の霊に導かれた「神の民」の懐で、受け入れられ、解釈され、民の生き方の中に実現されてきた。これこそ、神の民の「生きている、聖なる伝統」である。

神のことばは、この、「生きている、聖なる伝統」の中で、生き生きと、今、私たちに語りかける。「生きている、聖なる伝統」は、だから今も、私たちの現場の中で、途切れることなく継承されている。そして、「完成の日」まで、継承され続けていく。

父よ、御心のままに

神のことばは、放蕩息子の「兄バージョン」では、死んだものとなる。兄は、自分の思いから脱出できず、聞くことを知らない。だから、神のことばを「生かす」ことを知らない。

それに反して、放蕩息子の弟の中で、神は「生きている」。弟は、このみじめな現実、最悪な現状の中で、まさに、今、ここで、神と向き合うことができる、と知ったからだ。文字だけの神のことばではなく、その源にある、神の心に向かうことを知ったからだ。弟にとって、神のことばは、生きていたのである。

時として、紙に書かれた「掟」、「規則」、「決まり事」を守っているだけのほうが、簡単だし、思い煩いも少ないことがある。そして何より、何とでも言い訳ができる（と、私は思うのだが）。

紙に書かれた規則は完璧ではない。だから、どこにでも抜け道はあるもので、それをうまく利用すれば、言い訳をしながら賢く、難なく、生きていくことができる。

それに対して、心を生きようとすれば、常に自分のみじめさを突きつけられ、涙を流して神に向かい、こんな弱い私をゆるしてくださいとイエスさまに願い、傍らで歩いてくださいとマリアさまに懇願することになる。文字どおりの言葉の奥にある、「生きている神のことば」を聞き、受け入れ、生きようとするならば、自分の小ささをとことん知らされる。

だから「神のことば」によって、私を「造り変えてください」、造り変えられるに「委ねます」、と願うのである。「父よ……わたしの願いどおりではなく、御心のままに」（マタイ26・39）と。

そして、生きている神のことばを聞く（受け入れる）とは、まさに、ナザレのマリアがしたことである。マリアは頭の中だけでなく、存在全体で神のことばを受け入れた。マリアは、自分が存在全体で受け入れた「ことば」によって、存在全体を造り変えられるに委ねた。

マリアの生涯は、だから、主の母であるだけでなく、弟子、信じる者としての生涯である。

そう、マリアは、他の誰よりも信仰の旅路を歩いたのである。

「良い知らせ」を告げる勇気

キリストの「良い知らせ」

「福音宣教」という言葉は、何か日本語でカチッと響いて、ときにボーっとしていると後ろから押されているような、どうしていいかわからないのに「行け！」と言われているような、自分に関係「大あり」なんだけど、わかったようなわからないような……こんな気持ちは、私だけだろうか？

「良い知らせ」（福音）を周囲の家族や友人に告げるのは、楽しいはずなのに。そもそも「良い知らせ」って、「話して！」と言われなくたって、もうムズムズして話したくてしょうがないはずなのに。

「良い知らせ」を伝えたいとき、それが理解されないかもしれないと心配するよりも、理解してもらいたい、と熱く望まないだろうか。どこで「良い知らせ」を告げることが、「……せねばならぬ」的になってしまったんだろう。

キリストの「良い知らせ」は、単なる「グッド・ニュース」ではない。キリストの「幸い」は、単なる快適で楽な暮らし、「王子さまとお姫さまは、幸せに暮らしましたとさ」的なものではない。「良い知らせ」はキリストそのもの、キリストのことば、仕草、つまりキリストの実存そのものである。というと難しく聞こえるけれど、キリストはただ「良い知らせ」を「告げた」だけでなく、それを「生きた」のである。そして、それを生き貫いた果ての「成就」のときが、あの十字架上の死である。

「良い知らせ」そのものであるキリスト、「幸いな者」そのものであるキリストが、彼の使命（そのために、父から遣わされた）を成し遂げたのは、ハッピーエンドのおとぎ話の王子さまのようではなく、地上の最も暗い闇のとき。それは、人の目から見れば、どう見たって「不幸な」「悪い知らせ」である。

歯を食いしばって知らせるの？

私のいる修道院では、一カ月に一回、通常第一金曜日に「静修の日」がある。この日は、私にとって「アジョルナメント」（今日化）の日だと思っている。今日化なんて言うと大げさだけど、つまり、キリストの「良い知らせ」は、人間の「普通の」考え方から言えば「悪い知らせ」であるということを、もう一度、頭も精神も心もリセットして、受け入れる、というような。

ときに私は、奉献者であるにもかかわらず、なんとなく「特別扱いされたい願望」がある。「私、シスターだから」、「私、一生を神さまにささげているんだから」みたいな。自分で「偉いんだ」とは言わないけれど、どこかで、キリストに従っている自分を美化しているところがある。美化しすぎると、キリストの「良い知らせ」の成就のときが、どんなときだったかを、忘れる。記憶からなくなることはないけれど、自分の生き方の中から、知らぬ間に除去されている。

だいたい「特別扱いされたい願望」「ほめられたい願望」「認められたい願望」からして、キリストの生き方とまったく逆方向である。そんな当たり前のことを、私は、しょっちゅう忘れる。だから、一カ月に一回、まじめにリセットする。私は、真っ赤な絨毯《じゅうたん》の上を、光り輝く王宮に向かって歩いているのではなく、この世の視点から見れば「そんな生き方、ナンセンス！」と言われるような生き方をしているのだ、と。

そうやって、ときどきリセットしないと、キリストに従っているのだから当たり前なことが起こったとき、――一生懸命やっているつもりなのに自分ばっかり損する、何の実りもないことをこつこつやり続けていて、果ては人からバカにされる、みたいな――、私はまったく希望を失い、あきらめてしまう。キリストの希望は、あの、キリストの「成し遂げ」（十字架上でのささげ尽くし）の中に輝き出たことを忘れて……。

キリストの「良い知らせ」は、日々の生活にあまりに流され続けると、私にとって「理不尽」、「損な」ことになってきてしまう。そうなると、「良い知らせ」は、私にとって面倒くさいもの、歯を食いしばってしなければならないものになってしまうのだ。

「いいこと」をしよう！

二〇一四年一月、社会福祉法人の新年の「祝福式」のときのT神父の言葉が印象的だった。「キリスト教の教えは、悪いことではなく、良いことにアクセントを置きます。悪いことをしてはいけない、ということより、良いことをしましょう、と勧めます。イエスさまも、これをしてはいけない、というより、こういう良いことをしましょう、と勧めています。今年も、大きなことはできなくても、毎日少しずつ良いことをして、世界が少しでも良くなるように、人々が少しでも幸せになるように努力していきましょう」

――それが、イエスの語る「幸い」。二〇一三年に訪れた、ガリラヤ湖畔の風景を思い起こす。なだらかな丘が、ガリラヤ湖に向かって降りていく。陸が「海」（湖）に向かって開いていく、というような、未知なるものに、心を少しずつ開いていくような、貧しいながらも、開放感を感じさせる風景。

この地でイエスは、荒々しいけれど単純で実直な漁師たちを弟子たちとして選び、呼んだ。悪いことをしてはいけない、というより、いいことをしましょう、と。王宮の中だったら、これをしてはいけない、と縛られていただろう。それは逆に言うと、してはいけないことをしなかったら、それで優等生、という世界でもある。

漁師たちはもっと、生きるか死ぬかの過酷な生活の中で家族のため、仲間のため、運命共同体である村のため、プラスαの、すべきこと、いいことをしていたに違いない。積極的にいいことをしていかないと、自分の生命にもかかわることなのだから。

そして、エリサベトを訪問したナザレの村の若い娘、マリアは、神の子を宿す、というお告げを受けてすぐに「急いで」山地を旅した。風を切って、前に進むイメージだ。逆風だろうと、順風だろうと。とにかく前に……。

日々の生活の中で「神の声を聴く」には、あのガリラヤの大地のように、未知なる「海」に開かれた、体と心の状態が必要だ。「神の声」は、天から特別に私に向けて発せられるのではなく、日々の小さな事柄の中に、出会う人々の中に、その「種」があるからだ。

日々の生活の中で、行うべき「いいこと」は、いつも自分にとって都合が良いとは限らない。ときとしてそれは私に、勇気、決断、実行、責任を要求する。日々周りに起こることをすべて、「思い巡らしている」マリアは、自分の心の中で、神のみことばと、生活の「現場」を結びつけていく。自分の都合の良いように勝手に解釈していくのではなく、自分だけでなく、相手にとって、周りにとって「いいことを行いなさい」という神の心を基にしながら。

今年も、前に、とにかく前に。悪いことをしない、というより、いいことをしよう、とするとき、私の心と体は、一歩、境を越えて「外に出て行く」のだろう。神に向かって、人に向かって。

そしてゆるしは平和となった

嫉妬フィルター

嫉妬《しっと》、妬《ねた》み、嫉《そね》み……いわゆる「ジェラシー」という感情のさまざまな様相を表現するために、いろいろな言葉がある。それだけ人間の心の中には、根強いそのような感情があるのだろう。

相手が良く評価されればされるほど、また相手が皆から（または、特定の人から）好かれれば好かれるほど、憎しみや、自己嫌悪のような感情が生じるのだから、始末におえない。妬みの対象となった人にしてみれば、どうしていいかわからない状況だろう。しばしば、一生懸命すればするほど、妬まれるのだから……。

それにしても、神の救いの歴史をつづる聖書の最初、創世記から、この「嫉妬」はついて回る。いわゆる「アダムとエバの罪」または「人祖の罪」として描かれているのは、まぎれもなく、この妬みである。

「神のようになりたい」、それは一見、自然な望み、無害な望みである。「自立したい」と望み始めた人間の、当然もつべき感情のように見える。「神のようになりたい」、しかしその根底にあるのは、自分の創造主である方への羨望、嫉妬、妬みである。この「嫉妬フィルター」をとおして見ると、世界はすべてネガティブになる。

信じられないほどの、私たちへの造り主の「愛」さえも、まさに人間の理屈にとって「信じられない」から、何かウラがあるように見えてくる。悪魔のささやきというものは、えてして、理にかなっているように見える。相手をちょっと疑い始めたら、もう悪魔の意のままである。悪魔はあとは、「そうだ、そうだ、おまえの考えは正しい、さすがに頭がいいな〜」と言っていればいい。「神がなんの見返りもなく、おまえを愛するとでも思っているのか？」とか付け加えて。

悪魔は、アダムとエバの、このわずかな「疑い」のスペースに、スッと入ってきて、「神はおまえに、善悪の木の実を与えたくないんだ。おまえが、神のように賢く、すべてのものを支配するようになるのを恐れているからだ」、とささやく。

悪魔は直接、「木の実を食べろ」とは言わない。アダムとエバ——つまり私たち人間——が、自ら望んで、その木の実に手を伸ばすように、そそのかすのである。

「本末転倒」な感情

人間が、自分の造り主に妬みを抱くなんて、本末転倒、ちょっとおかしいんじゃない？と思うかもしれない。でも、第三者的に眺めている間はそうだけれど、自分の日々の生活の中での小さな心の動きを追っていけば、こういうこと、「本末転倒」な感情は、結構しょっちゅう起こっている。少なくとも、私は、そうだ。その感情に自分を委ねてしまって、表に出したり、相手、周りをシャットアウトしてしまうかどうかは、別として……。

アダムとエバは、この「嫉妬モード」のために、造り主、神との友情をシャットアウトした。楽園からの追放、である。そしてこの「嫉妬モード」は、人殺しにまで発展する（カインとアベル）。

人間の歴史をたどってみても、さまざまな悪の表出の根源に、この、嫉妬、妬み、嫉み、またその変形（自己嫌悪、自己顕示欲……）がある、と言えるだろう。

私たちの小さな修道会の中でも、統治の手伝いをしていると、「言葉」が伝わらないことのもどかしさを、しばしば感じる。同じ言葉を聞いても、読んでも、受け取り方はさまざま。まるでそれぞれが別の言葉で理解しているような錯覚を覚えることもある。

どんなに考え抜かれた文章であっても、書いた人が、それを言葉で表現しようと文字にした瞬間に、もはやその人の手を離れ、その人が考えていたことをときに変形させ、ポジティブにも、ネガティブにも伝えられていく。

同じ言葉が発せられたとしても、自分がシャットアウトしている相手から、それが発せられると、すべてネガティブになる。思いを伝えようとどんなに誠実に文章を書いたとしても、書いた人が望んだようには伝わらないこともある。どんな善意の言葉も、ネガティブに捉えられたりする。不思議だ。それはしばしば、政治家たちの論争（与党は野党をなじり、野党は与党を弾劾し）にあるように……。

それにしても、相手の言うことに、少しの正当性もないということがあり得るだろうか？妬みとか、嫉妬とかに縛られている人間に対して、神はご自分の「ことば」を人間（預言者たち）に託し、ご自分の民のイスラエルをとおして、救いの「決定的な実現」を準備してきた。そしてその「決定的な実現」はもはや、神のことばを預かり伝える者ではなく、神のことばそのものの受肉（人間となる）の、驚くべき出来事の中で起こったのだ。

神のみことばは生きるためにある

人間はそのような感情の中だけで生きているのではないことを、神は、決定的な「みことば」で語られた。神の「みことば」の受肉、神の「みことば」が手に触れ、目に見え、耳に聞ける人間になることによって。まさに、イエス・キリストは、父のもとに永遠からいた、神の「みことば」そのものである。それなのに、そのイエスを排斥し、殺したのは、やはり嫉妬、妬みであった。「いのち」の造り主を、殺す……嫉妬、妬みは、こんなことまでしてしまう。

しかし、それは終わりではなかった。イエス・キリストは、神のことばを預かった預言者ではなく、神のことばそのもの、いのちそのものであった。そして、人間の罪の根源、どんな善良な人の心の中にもささやきかける悪魔の存在を、すべて自らの生きざまの中に受け入れ、殺す者たちへ自らを渡し尽くした主は、復活し、私たちのゆるし、私たちの平和となった。

沈黙の静けさがすべてを包み、夜が速やかな歩みで半ばに達したとき、あなたの全能の言葉は天の王座から、情け容赦のないつわもののように、この滅びの地に下った。

（知恵の書18・14〜15）

神が私たちを「ゆるしてくださった」と言うとき、それは、イエス・キリストの中で、手で触れられるものとなった「ゆるし」である。キリストはゆるしのことばを発したというのではなく、キリストの存在そのもの、いのちそのものが「ゆるし」なのだ。

私たちに、「神のことばは、それを口で発するだけでなく、生きるためにある。私がその模範を示した」と言っているように。

信頼して待つ

「厳しさ」って、何だろう

今の世の中、そして私たちの世代は、若者に対して「甘い」と言われることがある。そうかもしれない。厳しくして相手が自分から離れていくのが怖いのか、と言われる。そういうことではない、と自分では思う。もっと厳しく鍛えるべきだ、と言われる。それはそうだ、と思う。でも……「厳しさ」って、何だろう。

身体的にも精神的にも不安定な状態にある人（自分の経験も含めて、若いときとはそういうときだ）に対する、本当の「厳しさ」とは、私が思うに、信頼関係を培うために「待つ」ことの中で、相手のためになると私が信じる言葉、ジェスチャーの中に現れるものなのだろう。

私も偉そうなことは言えない。「待つ」こと、そして特に「相手のペースに合わせて待つ」ことは、性格上、最も苦手なことの一つだ。

相手の成長のリズム、ペースに合わせて、待ち、信頼し、ときに「今だ」、と判断する機会に、一言、あるいはジェスチャーで「厳しさ」を共有する。それは、私が相手に一方的に求める「厳しさ」ではなく、私自身にも必要な「厳しさ」なのだろう。

相手がどんなに若くても、未熟でも、相手も私も、共に完成とは程遠い巡礼の歩みの中にいる。同じ目的、同じ場所に向かって共に歩いている、旅の仲間である。

「厳しさ」とは、相手を私に向けるためではなく、私もそこに向かって歩いている、その、人生において唯一大切な目的に軌道修正するためのものだろう。

そうでなければ、その厳しさは、単なる私の自己満足、または、自分も未完成であることを隠すための自己防衛に過ぎなくなる。

人に対して、特に若者に対して、厳しくするとは、だから、相手をそのまま受け入れ、心底信頼する土壌の上に、初めて光るものなのだろう。

ありのままを受け入れてこそ

教皇フランシスコは、いつくしみの特別聖年[*1]の大回勅の第一項で、モーセにご自分を現した主のことば**「主、主とは、憐れみ深く、恵みに富み、怒ること遅く、慈しみとまことに溢れる神である」**（〈フラ〉**出エジプト記34・6**）を思い起こしている。そして回勅の頂点とも言える二十一項では、教皇が何度も繰り返す預言者ホセアの言葉**「エフライムよ、どうしてお前を見放すことができようか。……中略……。わたしの心は思い乱れ、わたしはますます憐れを催す。わたしは怒りを燃**

やさない。わたしは再びエフライムを破壊しない。わたしは神であって、人ではないから。わたしはお前とともにいる聖なる者で、破壊を好まない」（〈フラ〉ホセア書11・8～9）が引用されている。ホセアの時代、ヘブライ民族がいかに悲惨な状態にあったか、私たちは知っている。預言者はその惨状を「民衆が契約への忠実さを失い、神に背き、父祖たちの信仰を失っていた」（大回勅21）からだと告発する。この、身体的にも精神的にもさらに霊的にもどちらにも進めず、絶望的な暗闇にいる民、それは他人事ではなく、今の私たちの状況と言えるかもしれない。

私はそんなに悲惨な状態にいない、と思う人もいるだろう。けれど、造り主によっていつくしみの実りとしていのちを受けたこの人、あの人を、私がありのまま受け入れられないとき、私は知らず知らずのうちに、造り主のいつくしみに、自らを閉ざしていると言えないか。

「あの人」がいなければいいのに、「この人」がこんなふう（私の思うとおり）になってくれればいいのに、「その人」が（私が望むように）回心してくれればいいのに……すべてがそうなったとして、それで、私の理想の共同体になるのだろうか？　それが造り主が望む家族なのだろうか？

待って、待って、待つということ

詩編作者は、私たちのありのままをすべて知っている主に、告白する。**「主よ、あなたはわたしの心を調べ、わたしを知り尽くしておられる。あなたはわたしが座るのも立つのも知り、遠くからでも、わたしの思いを見通される。あなたはわたしが歩むのも休むのも見守り、わたしの道**

をことごとく知っておられる。わたしの舌に言葉が上る前に、主よ、あなたはすべてを察しておられる」（〈フラ〉詩編139・1〜4）。

主は、ご自身のいつくしみを母のいつくしみに類似させ、預言者をとおして、シオン（神の民イスラエル）に呼びかける。**「女が自分の乳飲み子を忘れるだろうか。自分の腹にいた子を隣れまないだろうか。たとえこの女たちが忘れても、このわたしはお前を忘れない。見よ、わたしはわたしの手のひらにお前を刻んだ」**（〈フラ〉イザヤ49・15〜16）。

わが子を待って、待って、待って、信じ続ける母親がいる。はたから見れば、何を言っても無駄なのに、いい加減あきらめたらいいのに……、と言いたくなるようなときもある。五年たっても十年たっても、何も変わらない、それでもわが子をひたすら待ち続け、信じ続ける母親がいる。もしかしたらその子は、一生涯、何も変わらないかもしれない。それでも、母は待つのだろう。なぜか？

母親とは、自分を超える方が自分より先に、常に先に、わが子を見つめ、愛し、信頼していることを、その存在の内奥《ないおう》で知っているからではないか。自覚は、ないかもしれない。それでも、十年も二十年も、三十年も信じて待ち続ける母親の姿に出会うとき、母の存在の最も深いところ、懐、「胎」の中で、造り主の心との交わり、共調があることを信じずにはいられない。

相手の何を信頼するのか、何を信じるのか、それはその人の性格とか可能性というより先に、その人の「造り主」への信頼だろう。

待たなければならない時間は、無限のような気がする。待ってもわかってもらえない、報われないことは、しょっちゅう。それでも、待つことができるとすれば、それはすべてのことに先立ち、すべてを超える方法で、いつも、どんなときでも、造り主、主が、私たち一人ひとりを待つ方だからだ。

信頼して待つところから、本当の「厳しさ」が始まるのだろう。

＊1　二〇一五年〜二〇一六年にかけて、〝いつくしみを証しするカトリック教会の使命を強調するための年〟（教皇フランシスコ）として実施された聖年。

神のロジック

私たちが生きている、この社会のロジックは「貧しさ」に否定的だ。私たちもときに、知らず知らずのうちに、本当の意味での「貧しさ」までも否定的に考えてしまう。何か効果的にことを成すためには、設備がなければ、お金がなければ、権力がなければ……と。

でも、私たちが首位に置かなければならないのは、権力でも財産でもない。私たちが優先させるべきは、イエス・キリストご自身だ。イエス・キリストは、私たちを「豊かにするために」、自ら進んで「貧しくなった」。

私たちは、そのキリストに従う道を歩いている。

みことばに向かって

世間のロジックに反する生き方は、そんなに「かっこいい」ものではない。いや、むしろ、理解されない生き方、「かっこわるい」生き方だろう。

イエスと同時代に生き、イエスのそばに実際にいた人々でさえ、イエスの生き方は理解できなかった。誰が進んで、社会から締め出されていた人々と一緒に食事をするだろうか。果ては、罪びとのようにみじめに殺されることをよしとするだろうか。

父である神が、御子をとおして、聖霊の力で実現した「新しい契約」は、まさに、私たちの心の「門」、「扉」をラディカルに開くことだ、とも言える。

何に向かって開くのか？　ひじょうにシンプルに、神の「みことば」そのものに開くのだ。たくさんの言葉で満ちあふれるこの世の中で、唯一、私たちを救うことができる「みことば」に、心の奥底を開き、ラディカルに受け入れる。言葉を換えて言えば、その「みことば」は、私を変える力がある、私を救う力がある、と信じることだろう。

この深い神秘を、生涯「心に納め、思いめぐらしていた」のが、イスラエルの娘、ナザレのマリアである、と言えるだろう。

天使ガブリエルは、ナザレのマリアを、「恵みに満ちあふれた者」と呼ぶ。教皇フランシスコは、マリアの中に、恵みの満ちあふれは心を変えることができ、人類の歴史を変えるほどの偉大な行為を行う心とすることができることが証しされている、つまり、マリアは神の恵みの力の並外れた証人である、と言う。

ナザレのマリアが行った偉大な行為……それは、ひじょうに「シンプル」で偉大な行為、神のことばへの「はい（フィアット）」である。マリアの「心」は、神の恵みによって、その存在の始めから、ラディカルに変えられた。唯一の「みことば」に向かって。

私たちは恵みから造られた

私たちは、どんなに頑張っても、父である神のように、いつくしみ深い心をもつことはできない。それは、例えば、イエスが語る「放蕩息子」のたとえ話の父親に、自分自身を当てはめてみたら、明らかだ。

でも神は、私たちに「頑張って」もっていないものを獲得しなさい、とは言っていない。神は、私たちに「唯一のことば」に開きなさい——心も体も——、と言う。私たちは、まさに、神の「唯一のことば」によって造られた。ヨハネ福音作者は言っている。**「初めにみ言葉があった。……すべてのものは、み言葉によってできた。できたもので、み言葉によらずにできたものは、何一つなかった」**（〈フラ〉ヨハネ1・1、3）。

神の「みことば」によって造られた私たち。この「みことば」は、同時に、「いのち」である。この「みことば」は、私たちの間に住むために来た。肉となり、目に見えるもの、手で触れられるものとなるまで、私たちのところに降りてきた。

その「みことば」——イエス・キリスト——のみ顔を観想するように、と、私たちは招かれている。それは、私たちの「外」にある顔ではない。神の姿（イコン）は、私たちの存在にすでに刻印されている。イエスは、「新しい人間」——新しいアダム——であり、私たちが、罪から造られたのではなく、恵みから造られたことを、決定的に示している。

「いのちをかける」ということ

「みことば」に、心を開き、ラディカルに受け入れたマリア。しかし、だからといって、マリアに神のいつくしみが必要ではなかったのではない。それどころか、人類の歴史の中で、並外れた方法で神のいつくしみを受け、それによってマリアの存在全体が変えられたのだ。神のいつくしみの頂点、神自身が私たちのために「いのちを捨てる」という、人間のロジックをはるかに超える「御子の十字架」の神秘によって……。

たぶん、イエス・キリストに従うことにおいて、「いのちをかける」という言葉は、大げさではないのだ、と、最近、思う。「たぶん……思う」と言うのは、いわゆる「へいわ」な社会で、のうのうと生きている自分が、「いのちをかける」という荘厳な言葉を発する資格はないと感じているからだ。

私たちの時代、戦争、テロリズムなどは、何か非日常的なこと、自分にはかかわりのないことのように、今まで生きてきた。

しかし、こうしている間にも、無名で、ニュースにもされず、搾取され、迫害され、暴力を受け、殺されている人々が、同じ時代を共有している人々の中に、いる。

修道者、奉献生活者の中には、「危険」と言われている国々で、それこそ「いのちがけ」で奉仕をしている仲間たちがいる。私も、微々たるものでも、アジアやヨーロッパに出かける機会がある。これからますます、「いのちがけ」の海外出張になるかもしれない。

でも、そうやって、私たちの大先輩たちは、一番大切なものを、「真のいのち」における生きた信仰を、私たちに伝えてきてくれたのだ。まさに、「いのちがけ」で。

「私たちは、キリストとともに葬られた」、「キリストとともに復活するために」という、使徒パウロの言葉は、ただの概念でも、抽象的なイメージでも、ない。それを、私はどこまで自覚しているだろうか……。

「いい気になりたい」誘惑

権力をもつということ

金、権力の誘惑とは、なんだろう。自分に問いかけてみる。「私は修道者だから関係ない」、と言えるだろうか？　ちょっと「上」の立場になると、苦しいことも多いけれど、ちやほやされて（みんなから「あげられて」）いい気になることもある。初めのうちは警戒するけれど、慣れてくると、それがないと不満になったりする。こんなときは「あぶない」。

「あの人はいい人だから」「信頼できる」と、「上」の立場の私が思うとき、時々その基準がちょっとずれていることがある。その人が「いい人」なのは、私が上の立場であるからか、それとも私が私であること（人間であること）に基を置いているのか？　簡単に言えば、その人が「いい人」なのは、「私にとって」だけなのか、それともすべての人にとってなのか？　上の立場にいる人に対して「いい人」であり、下の立場にいる人に対して「悪い人とは言わないけれど、ちょっと信頼できない人」である場合は多々ある（まずは、自分自身に対して、そうではないか、自問する）。

修道生活にほとんど共通の規則の一つに、長上であり続けない、というものがある。権力に対する人間の弱さをよく知った規則だろう。上の立場にあり続けると、別に、悪い人になるわけではないが、「権力慣れ」することがある。長上の任務は易しくない。それなりに、長上に「権威」と「責任」が与えられているのは、当然である。しかし……「権威」とは、特に、キリストに従う共同体における「権威」とは、なんだろうか？

「テリトリー」の中の「権威」

「私は、お前を生かす権威も、殺す権威ももっている」と、イエスに言い放ったピラトに、イエスは答えられた。**「神から与えられていなければ、わたしに対して何の権限もないはずだ」**（ヨハネ19・11）。

この世で人間に与えられている権威は、その限界を悟らなければ、神の御子を死に引き渡すものにまでなる、と言えないだろうか。

その民から、仲間たちからさえも裏切られて、打ち捨てられ、鞭打たれた姿は、「上」の立場の人間には見えない。信頼していた仲間たちに捨てられた人間の姿は、最もみじめなものである。神殿で権威をもって語っているイエスに対してだったら、ピラトも怖気づいたかもしれない。でも、今、目の前にいる「この人」は、誰をも恐れさせない「苦しむ主のしもべ」である。イエスに一生涯つきまとった「神の子なら」こうしてみろ、ああしてみろ、という誘惑は、私たちの日常のいたるところにある。そして、私たちはなんとたやすくその誘惑に身を委ねてしまうことだろう。「私の権威を見せてやろう」という誘惑は、なにも、上の立場にいるときだけにくるものではない。

あらゆる動物は、植物さえも、「自分のテリトリー（領域）」を守るために必死になる。自己の種の存続にかかっているからである。自分のテリトリーから追い出されれば、それは死を意味する。しかも、子孫を残せない、という、根源的な死である。私たちもどんなに小さくても「自分のテリトリー」をもち、少なくともその中では権威あるものでありたい、という望みが、自覚しているか否かにかかわらず、あるだろう。それ自身はいいものでも悪いものでもない。生存本能からくる自然な望みと言えるからだ。しかし、自分のテリトリーの中で権威をひけらかしたいという望みが極限に達すると、他者を死に追い込むことがある。それは、物理的な死ではなく、精神的な死の場合もあるだろう。

私たちの、自分のテリトリー、自分の王国の中で「王さま」になりたい、という本能的な望みに対して、キリストは明言する。「自分を捨てなさい、自分から脱出しなさい……そうしなければ、私についてくることはできない」と。

神の「やり方」

自分からの「脱出」（Exodus）――キリストが、神の「本質」をもちながら、いや、もつからこそ自分から「出て」人間の「本性」を身にまとったように。キリストは、自分のすべてを御父に

「引き渡し」、御父は、御子を私たち人間に「引き渡す」。聖霊は、父と子から「出て」、自らを私たちに「引き渡す」。十五世紀のロシアの修道士、イコン画家であったアンドレイ・ルブリョフ（Andrei Rublev）の名をとって、「ルブリョフの三位一体」と呼ばれるイコンは、「三人」の間に吹く「風」のサークルが、三人の間だけで消化されず（または、自己満足で終わらず）イコンを見つめている私たちをも巻き込むものとして描かれている。

あたかも、神は私たち人間抜きでは存在したくないかのように。あたかも、私たち人間の中にご自身の「姿（イコン）」を反映させることなしには、そして私たち人間をご自分のいのちの中に巻き込まなければ、満足しないかのように。

アブラハムの「脱出」、モーセに率いられたイスラエルの民の「脱出」、そして、その頂点に位置する真の「人間」、イエス・キリストの「脱出」、受肉から過越の秘儀まで（その中に、ナザレのマリアの「脱出」――自分の存在全体を神の救いの営みに「引き渡す」――も含まれる）。

私たち、神の民の「脱出」は、真の自由への脱出、解放である。しかしそれは、私たちの「やり方」ではなく、神の「やり方」による解放である。最もみじめな者たちに目を留め、彼らの中で「偉大なわざ」を行われる神の「やり方」は、徹底的に、根本的に、私たち人間の「やり方」とは異なる。

「マニフィカト」を歌うマリアは、この神のやり方を自分の存在の中に本当に体験し、感謝と賛美をほとばしらせている。**「私の魂は主を崇め、私の霊は救い主である神を喜びたたえます。こ**

の卑しい仕え女に目を留めてくださったからです。」（ルカ1・47～48）。

「委ねる」とは、究極の引き渡し

「いい気になりたい誘惑」は、「あなたのやり方で生きなさい」と、私たちをそそのかす。過去のデータを分析し、将来の展望をはじき出し、綿密なプロジェクトを立ち上げ、それに伴う実践計画を立てる。私たちが、大きなことだけでなく、小さな日常の事柄の中で通常している「やり方」は、常識的であるし、必要でもある。けれど私たち、キリストに従う者たちは、常に「プラスα」のスペースを空けておくべきだろう。私たちの頭では計算し尽くせない、神の「やり方」のために。それは、神の心に「委ねる」、イエスの心、マリアの心、そしてすべての神の民の心である。

勘違いしてはいけない。神の民の「委ねる」心は、「無責任」、「責任放棄」ではない。信じる相手に委ね尽くすとき、私たちはその相手に形造られるにまかせてゆく。キリストに形造られながら、私たちは、すべての人の救いのために、自分を徹底的に、根本的に「引き渡した」キリストと似たものにされていくのである。

信じる相手に「委ねる」とは、キリストの「わたしの、この身に、わたしの心（思い、計画）ではなく、あなたの心が実現しますように」という、極限の「引き渡し」を生きることだろう。

勇気をもって寄り添う

「イエスに形造られるにまかせなさい」とは、教皇フランシスコがよく使う表現だ。それは〝私〟が頑張ってイエスのようになる、というよりも（もちろん、それに向かう意志と努力も大切だけれど）、まず、私をご自分に似たものとして形造り、ますます似たものにしたいという、イエスの〝思い〟に身を委ねなさい、ということだろう。

イエスに形造られるとは、真の意味で、私たち、そして教会が、キリストの体になる、ということだ。それをもっと具体的に言えば、日々の普通の営みの中でイエスの思い・感情（sentimenti）を生きることだろう。

人間の〝思い〟をはるかに超えて

神の〝思い〟は私たち人間の〝思い〟とは、はるかに違う。

バビロン捕囚からようやく帰ってきたものの、自分たちの思うようにはならず、悶々としていたイスラエルの民に、神は預言者をとおして喜びを伝える。それは、人間の頭ではとうてい考えられない途方もないやり方で実現する。

「まことに、見よ、わたしは新しい天と地を創造する。先のことは思い起こされず、心に上ることもない。お前たちはただ、楽しみ喜べ、わたしが創造するものを。まことに、見よ、わたしはエルサレムを喜びとして、その民を楽しむ」（〈フラ〉イザヤ65・17〜18）。

それは、神の民が優秀だったからではない。神の〝思い〟は、常に私たちを驚かす。

「まことに、わたしの思いはお前たちの思いではなく、お前たちの道はわたしの道ではない。まことに、天が地より高くあるように、わたしの道はお前たちの道より、わたしの思いはお前たちの思いより高い」（〈フラ〉イザヤ55・8〜9）。

私のやりたいことが、いつも神の思いであるとは限らない。「わたしの食べ物は、父のみ心を行うことだ」と宣言し、それを地上で生きたイエス・キリストの〝思い・感情〟。それはセンチメンタルな、自分に閉じこもる（自分の世界にひたる）生き方ではない。イエスは〝子〟として、〝父の思い〟を捜し求め、それを行おうとする。

父である神の思い、それは、私たちすべての人々の救いにほかならない。子であるイエスは、父の思いを生きるために、実際に、究極まで降下し、極悪人とされて十字架の死にまで至った。

キリストをとおして

自分の問題、心配事でアップアップしているときこそ、出て行って、問題・心配をかかえている人々のそばに行き、そこにキリストを運んでください、と、教皇フランシスコは勧める。そうすれば、知らないうちに、自分自身の問題も解決しているでしょう、と。

教皇は、自分の問題から逃げて外に行け、と言っているのではない。ただ、自分の問題に首までつかって、朝から晩までそのことで頭も心もいっぱいである限り、つまり、自分目線で留まっている限り問題は解決しない、それより、「出て行きなさい」と言うのである。私が何かをしなければ、という堂々巡りの状況から脱出して、周りの人々の問題、苦しみに触れる――苦しんでいる人に触れる、それを教皇は「苦しむキリストの肉に触れる」と表現する。そのとき、私たちは〝キリストの思い・感情〟に近づき、神が私たちに、今何を求めているかに気づき始めるのだろう。

こういう言い方ができるなら、それは、〝子〟であるキリストをとおして、私たちの思いが〝父の思い〟に共鳴していく、父の思いを感じ取ることができるようになっていく、ということかもしれない。

「キリストの肉」に触れる、それはアイデア、概念、単なる理想ではなく、実際に、今生きている一人の人、目の前にいる一人の人、この世にいのちを受けている一人の人間に触れることだ。教皇は言う。「それがたとえ、神を信じない人であっても、またあなたを理解せず、むしろののしる人であっても」と。

それは、私がその人のために何かができる、ということではなく（というより、ほとんどの場合、その人の問題・苦しみに対して私は何もできない）、キリストが私をとおして、その人に出会うことを望んでおられる、ということなのだろう。

〝出会う〟ということ

私の目の前にいる、この人。もしかしたら「キリスト教なんて」と斜めに見ている人かもしれない、「なんだ、こいつ」と思っているかもしれない。でも、キリストがその人に出会うことを望んでいる。だから私は出て行く。出会うために。

しかし、その出会いの結果はいつも私が満足できるものとは限らない。むしろその逆のほうが多い。そんなときは、イエスご自身が実際に生きたさまざまな出会いに留まってみたい。

誕生のときの羊飼いたちとの出会い、東の国の博士たちとの出会い、洗礼（ユダヤの人々との公的な出会い）、人々、とくに当時の慣習の中で罪びと、けがれた人とレッテルを貼られていた人々との出会い、それらをとおって、イエス・キリストの出会いはクレッシェンドしながら過越の神秘（受難・死・復活）の中に入っていく。しかし、出会いの究極は、十字架の極刑のただ中で起こる。十字架のもとに立つ母、愛する弟子との出会いだ。

マリアは、わが子イエスの〝クレッシェンド〟の出会いに〝寄り添い〟、イエスの中に実現した神の脱出の頂点、過越の神秘の中で、子の十字架のもとに〝立つ〟。

初めに神が出て行ったから、天地創造があり、人間の創造（「われわれにかたどり、われわれに似せて人を造ろう」）があるのだろう。

人間創造から始まる、人間の歴史の決定的な〝時〟が、神の御子の〝受肉・過越〟の神秘だろう。パウロ六世は、「マリアの霊性はキリスト者の霊性の本質である」と言った。世が、華々しい出会い、利益を求める出会い、名誉のための出会いを求めている中で、マリアが謙虚に、しかし同時に勇気をもって寄り添ったイエス・キリストの〝出会い〟は、自らをすべて〝空〟にして他者に明け渡すことだった。

背伸びしないで、謙虚になる

背伸びした謙虚さ？

「背伸びしないで、謙虚になる」、それはけっこう難しいことなんだ、と、このごろ思う。ちょっと前までは、謙虚になるというととりあえず、「いや〜、私なんか……」「こんな貧しい者ですが、よかったら使ってください……」と、一見〝謙虚〟なようでいて、人の心の奥底までご存知の神さまから見れば、ずいぶん「背伸びしている」態度をとっていたように思う。背伸びした謙虚さ、つまり、謙虚ではない、ということだ。

ムリして謙虚になろうとしているけれど、実は、心の思いと行動とが一致していないというか。私の書いたものを読んで、「シスターの温かいお人柄に触れて……」「シスターのおやさしい心遣いに心を打たれて……」という感想を書いてくださる方々がいる。私と一緒に住んでいる姉妹たちにとっては、「へっ？　誰のこと？」というところだろう。

このような「美しい、善意の誤解」に、私は、ありのままに感謝することにしている。以前は、そんなに単純に感謝することはできなかった。何かが自分の中に詰まっている感じで、自分自身が、そのような言葉に相当していないことが、よくよくわかっているから。

でもそこでその言葉を辞退することは、「謙遜」というものではないと思う。長く生きていれば、誰でも、自身の弱さ、みにくさを、とことん思い知らされる経験を少なからずするだろう。でも、歳を重ねると、同時に、「神の不思議なわざ」に単純に驚き、賛美し、感謝できるようにもなる。

自分の力ではない、人間の思いをはるかに超える「偉大なわざ」が、この私の「貧しさ」の中に行われたことを、これも、少なからず体験するからだ。

ある、お母さんたちの集まりの中でマリアの話をしたとき、お母さんたちが語ってくれたことが思い起こされる。子どもを授かり、胎の中で長い時間をかけてその子が育ち、世に産まれる。そのプロセスの中で、この子どもは自分の力で産んだものではない、この子は、ある意味で「私のもの」ではないと素直に信じた、というのだ。

そのお母さんたちのほとんどはキリスト信徒ではなかった。けれど、神がまだ少女とも呼べるだろうナザレのおとめマリアの胎の中に宿り、養われ、産まれるに「まかせた」という不思議を、神の偉大なわざとして、お母さんたちは自然に受け入れることができたのだ。

神の思いは、人間の思いをはるかに超える

マリアが、神ご自身を胎の中に運びながら発した、「感謝の賛美」、マニフィカトは、キリスト

教伝統の中でずっと、公の祈り（「聖務」教会の祈り）で歌われてきた。それはまさしく、キリストに従う者の「原点」である、主の「貧しい者たち」の賛歌である。

主の「貧しい者たち」、主にのみ希望をおく者たちは、「善い土地」――心の中――に、種として蒔かれる神の「心」を、偉大な神秘として受け入れるにまかせる者たちであり、その「偉大なわざ」を単純に賛美と感謝のうちにあふれさせる者たちである。**「私の魂は主を崇め、私の霊は救い主である神を喜びたたえます。この卑しい仕え女に目を留めてくださったからです。今から後、いつの世の人も、私を幸いな者と言うでしょう。力ある方が私に大いなることをしてくださったからです」**（ルカ1・47～49）。

「今から後、いつの世の人も私を幸いな者と言うでしょう」と宣言するナザレのマリアは、決して自分を誇る、高ぶった者ではない。マリアは、自分の「幸い」は、ただ神の「偉大なわざ」の実りであることを知っている。

そして、その神の「偉大なわざ」の目的は、マリア自身のいわゆる地上での幸せではなく、神の民イスラエルへのあわれみから生まれる「救い」であることを知っている。

マリアはまさに、「シオンの娘」、神の民の娘である。神が、自分たちの弱さ、あわれさゆえに苦しみ悩むご自分の民をあわれみ、民を「救い出す」ために、ご自身を「降下」させる（受肉の神秘）、その「偉大なわざ」に、民の一人として、民を代表して、賛美、感謝しているのである。

人間が「上昇」するために、神が「降下」する……こんなこと、誰が考えただろう。罪深い人間を救い出すために、もっと「汚れずに」行う方法もあっただろう、と考えるのは、私たち人間の理論である。

神の思いは、人間の思いをはるかに超える。神の「偉大なわざ」の前で、私たちにできることは、まさにナザレのマリアがしたことだけである。賛美と感謝の声をあげること——。

神の偉大なわざに、賛美と感謝！

神の不思議なわざは、常に私たち、神の民、人間の「幸せ」のためであり、その「幸せ」とは、この世が与えるような即物的なものではない。そのときは苦しい、不毛だ、と思われても、私たちがその神秘を受け入れるために心のスペースを差し出すなら、それは私たちの心——善い土地——にしっかりと根を下ろし、「真のいのち」を実らせる。

話を戻せば、善意の方々が、私を「やさしい人柄（！）」として感謝してくださるなら、それは私のためではなく、その方々の「真の幸い」のためだろうと、このごろ思うのである。私は、神の「種蒔き」の小さな道具に過ぎない。

でも、キリスト者として、「洗礼」の秘跡をとおして、洗礼の力によって、私個人は「**天の星のように、海辺の砂のように**」（**創世記22・17**）数えきれないほどの神の民と繋がっている——空間的にも、時間的にも。現在・過去・未来を貫き、世界中のあらゆる民族、国民を包み込み……もはや、「私個人」をとおして行われる「神のわざ」は、私だけのものではない。

自分が決して「やさしい人間」ではないことは、私自身がまず、よくわかっている。それでも神は、私を使って、偉大なわざを行うことを望む。なぜだかは、わからない。それが「神秘」である。

「背伸びしないで、謙虚になる」、それはつまり、「ありのままに、謙虚になる」ということだろう。そう、「あの日」のナザレのおとめがそうであったように。心の底から、存在の根源から、**「私は主の仕え女です」**（ルカ1・38）と言えることだろう。

だから、賛美、感謝！

神の沈黙

「なぜ助けに来てくれないのか」

洗礼を受けてから今に至るまで、まだ未熟な信仰者である私であっても、神の神秘に触れた経験はいつも〝深い沈黙〟の中で起きたと言うことができる。

うれしいとか悲しいとかの感情を超えたところで、深い痛みと大きな喜びが共存するところで、見えない光への希望と闇が交差するところで、人間の知性では捉えられない深い問いかけを丸ごと受け入れるところで、すべてがはぎ取られる中で神の懐の中に飛び込む〝丸投げの信頼〟とでも言えるところで、それは起こってきたし、これからもそのように起こるのだろう。

これは私個人の経験であるから、すべての人が同じように感じるわけではないと思う。でも、何千年も継承されてきた「神の民」の知恵は、教えている。神の光は、人間にとって「闇」であり、神の声は、人間の聴覚を超える、と。

「私たちの救い主よ、なぜ黙っておられるのですか?」……神の民は、何千年もの間、このような心の淵からの嘆きを天に向かって叫び続けてきた。詩編の祈りが今なお、私たちの信仰の琴線に触れ、そして私たちに力を与えてくれるのは、そのような嘆きが絶望の嘆きではなく「神はともにいてくださらないのか？」という問いかけの奥深く、神の民の「私たちとともに歩いておられる神」へのゆるぎない信頼があるからだろう。

右に行っても左に行っても闇、闇、闇……。人々の沈黙。思ったようには進まないものごと。話せば話すほど、無理解が広まるかのように見える。

「イエスさま、なぜ黙っておられるのですか？」

「なぜ私を助けに来てくれないのですか？」

そして、少しずつ、私の祈りは、信仰の大先輩たちの祈りにつながっていく。

「主イエス・キリスト、生ける神の子、私を憐れんでください。私は罪びとです」

沈黙の奥深くに罪びとを招く神

「神よ、罪びとである私を憐れんでください」

神殿の中で、目を天に上げようともせず、胸を打ちながら祈る、一人の徴税人に、イエスは目を留める（ルカ18・9～14参照）。私は、ルカ福音書の、この箇所が好きだ。

たぶんいつのころからか、この徴税人と私自身を重ね合わせてきたのだろう。私の〝回心〟の神秘は、深い闇、深い沈黙の中で起こった。しかし、それこそ、神の光、神のことばだったのだろう。

私の、あの「時」も、そうだった。ある年の聖金曜日。イギリス北部の小さな教会の祭壇前に置かれた十字架像。儀式が終わった人々が帰った後、そこを離れることができずに一人残った私。深い沈黙。深い闇。何の、目に見える「奇跡」も、感知できる「しるし」も起こらない。深い神の沈黙の中で、私は子どものように涙を流していた。まさに、あの徴税人のように。

「ゆるしてください」などとは、とうてい言えない。何のメリットもない、何の「お返し」もできない私。この世の、ギブ・アンド・テイクの論理など通用しない。まったく、どうしようもない罪びとである私と、その私を救うために、ここまで降りて来てくださった神。

止められない涙を流している私を咎めもせず、諭すわけでもなく、ただ、「共にいてくださる神」、ただ、いつでも、どんなときでも、「共に歩いてくださる神」。十字架のイエスの深い沈黙は、私を根底から「変えた」。

神は沈黙している。神は、自分の罪に泣く私にことばをかけるのではなく、むしろ、ご自分の沈黙の中に、神の沈黙の奥深くに、罪びとの私を招いた。私の罪の大きさなどとは比較にならない、まったくとんでもない神のあわれみの心の中に、私を招き入れた。

神の沈黙は、あのとき私にとって、神の心に触れる場だった。私は、どうしようもない罪びとなのではなく、すでに、最初から、救われていたのだ。生まれたときから、神の永遠のいのちを共有できるように、神の恵みの力で刻印されていたのだ。

神の沈黙がさらなる深い神秘への招きとなるとき

ルカ福音作者は、他の場所で、泣きながら、涙でイエスの足をぬらし、自分の髪の毛でふき、その足に接吻し、香油を塗った「罪深い女」の話を伝えている（ルカ7・36〜50参照）。イエスは、何も言わず、彼女のなすがままにさせている。何と深い「沈黙」だろう。

どんなに心の広い人であっても、「もうわかったから止めていい」とか、「あなたの気持ちはありがたく受け取る」とか言いそうなのに、イエスは、何も言わない。

神の沈黙とは、何と勇気のある沈黙だろう。このときイエスは、まったく、この女性のためだけに存在している。彼女が自分の気持ちを表し尽くすまで、神にあわれみを乞いながら、自分の罪に泣く彼女の〝時〟に、ご自分の〝時〟を合わせている。

マルコ福音作者は、十字架上でのイエスの叫びを伝えている。

「わたしの神、わたしの神、どうしてわたしをお見捨てになったのですか」〈フラ〉マルコ15・34）。

詩編作者は嘆願する。**「わたしの神よ、わたしの神よ、なぜ、わたしを見捨てられたのですか。なぜ、あなたは遠く離れてわたしを助けようとせず、叫び声を聞こうとされないのですか」**〈フラ〉**詩篇22・1〜2**）。

神でありながら、人間の、私たちの、内奥の苦悩を共にするために「降りて来た」神の、根源的な叫び。イエスが父である神に向かってこのように叫んでくださったから、私は、私たちは、自信をもって同じように叫ぶことができるのだろう。「主よ、なぜ黙っておられるのですか。なぜ、助けに来てくださらないのですか」、と。

そして私たちは、イエスと共に、イエスのうちに、このように叫ぶとき、この祈りが絶望の祈りではないことを知る。

神の〝やり方〟、〝神の時〟を、私の〝やり方〟、私の〝時〟に無理やりはめ込もうとするとき、神の沈黙は私たちにとって耐えがたいもの、絶望的なものになる。人知をはるかに超える神の思い、やり方、時を、頭では理解できないけれど、心で信頼して受け入れようとするとき、神の沈黙はさらに深い神秘への招きとなるだろう。

誰も私をわかってくれない？

私一人が……

私たちのように小さな修道会でも、統治にかかわってくると、毎日、毎日、あれこれと、それこそ多種多様な出来事と直面する。出口の見えない問題、マンネリ化の中にあっても刷新したくないというような雰囲気、先のことを考えるとボーゼンとしてしまうような課題……。

そんなこんなの問題が頭の中を巡っているとき、たとえば、共同体の姉妹たちとの団欒の中に入る。知らないうちに、自分の中でこう言っている。――誰も私の思いをわかってくれない。

こんなつぶやきが、自分の中で起こってきたら、「要注意！」だと思っている。

「誰も私のこと、私の悩み、私が抱えている問題をわかってくれない」とつぶやくとき、（少なくとも私は）目の前にいる人、周りにいる人が、あたかも「私のような」悩み、問題をもっていない、と、無意識の中で思っている。そんなときは、私は一人で全世界の問題を抱え込んでいるんだ！というモードである。あぶない、あぶない……。

信仰を深めるプロセス

このごろ思うことがある。歳を重ねると、今まで無関心だったことにしみじみと感じ入るようなことが多くなるのだが、「聞く」、「答える」、「共有する」、「生きる」、そして、へりくだって、再び、「聞く」……というプロセスが、キリスト者としての生活を築き上げていくのかな、と。

若いころは、パッと何事かが起こって、感動して、パッと回心して、パッと新しい生き方で生きるというような、何か「魔術的」とも言えるような回心を、心のどこかで望んでいたような気がする。

しかし、いまさら、と笑わないでいただきたいのだが、五十年以上（！）も生きてきて、それは「何かが違う」と、経験からも、祈りからも感じている。

パウロは馬から落ちてすぐに、何もかもがわかって回心した、と思っていた。しかし、パウロと自分を重ねてみると（大人になってから回心した、という点ではちょっと似ているので）、確かに大きな恵みのときをいただいたわけだけれど、肝心なのはその後の「歩み」だろうと思うようになった。

忍耐、弱さの体験、暗闇、立ち上がろうとする、自分の力ではだめだとわかる、主に依り頼む、「み心のままに！」と叫ぶ、歩き始める……。忍耐というプロセスそのものの中で、信仰は「生きて、深められて」いくのだ、と。

偉そうなことを言ったけれど、私が、そのプロセスをマトモに生きているわけではない。私はと言えば、弱さの体験、暗闇、立ち上がろうとする……というところを、ウロウロと行ったり来たりしていることが多いのだ。

私が、わかろうとしていない

受難に向かうイエスさまの、ジェスチャーやことばの一つひとつに触れると、私の心はとっても痛むけれど、同時にとっても洗われる気がする。私が、今これがなかったら生きていけない！としがみついているものは、本当はそんなに大切ではないのかもしれない、と。

たとえば、神の国を造るのは誰だろう？　それは私たち、そのとおりだ。でも、私たちだけで？　だって神の国は神さまのもの、イエスさまのもの。それなら私たちは、建築者イエスさまの建築協力者ということだ。だから、本当は何がこの家の、この国の建築に必要なのかは、イエスさまが一番よく知っているはずだ。神の国の「建築材料」は、神さまがそのときそのときで、ちゃんと用意してくださっているのだ。

でも私は、その「材料」がときとして気に入らなかったりする。「もっと効率の良い」、別の材料を使いたいと思ったりする。そして、その別の材料にしがみついてしまう。これがなければ、神の国は建設できない！などと思う。

私のことを、誰もわかってくれない……と思うとき、実は、かなりしばしば、「私が」目の前の人のことを、わかってない、わかろうとしていない、わかろうと望んでいない、のだと思う。

イエスさまがいつ、「お前たちには、わたしの問題なんかわからない。放っておいてくれ！」と言われただろうか？

イエスさまは、自分のことなどとても理解できないだろうと思われる人たちを、わざわざ（？）弟子として選んだ。そして、実際、イエスさまが決心をしてエルサレムに上り、受難に向き合おうとしているとき、弟子たちは、自分たちの中で誰が一番偉いんだろ〜、などと、まったく反対方向を向いていた。

神さまが、普通の人間より、さらにいやしめられ、みじめな者となろうとしているとき、人間（私たち）は、神さまみたいに偉くなりたいと思っていたのだ。

その傷を賜物として

自分の頭が、たくさんの問題でいっぱいのとき、目の前の人の「悩み事」を聞くのは、たいへんな努力を要する。一応、聞き始めても、耳が、心が「開いて」いないことがある。心ここにあらず、である。

さらに歳を重ねると、なかなか自分のプライドを捨てきれない自分が、いる。自分の主張を、なんとしてでもとおしたい自分が、いる。「負ける」ことが嫌いな自分が、いる。負けたことを認めても、言い訳をし、自分だけが悪いわけじゃないことを言っておきたい自分が、いる。

しかし最近、「結果を出す」ことより、とにかく信じて前に進むことが大切だと思うようになった。私たちは生きていれば、さまざまな傷を負う。その傷を、思い出したくない記憶としてではなく、いただいた賜物としてやさしく受け入れることができたらいいと思うようになった。

復活のイエスさまの体に、傷の痕が残っていたことを、最近、よく考える。不思議だな〜、と。それは人間の尊厳も、プライドもはぎとられた、とことん侮辱された痕だ。

それなのに、今、その傷は、救いのしるし、神さまの愛のしるしとして、私たちの心を打つ。

キリスト者はボーッとしているヒマはない！

最近の出来事の中で、ちょっと考えた。「キリスト者になる」＝「救いを保障された」と勘違いしていることが、私も含めて、多々あるのでは……。

モーセを始め、旧約の預言者たちは、イスラエルの民に何度も思い起こさせる。神があなたたちを選んで、契約を結び、ご自分の特別な民、「神の民」としてくださったのは、あなたたちが優等生だったからではない。むしろ、あなたたちは、他の国民、民族の中で、最もみじめで、最も弱い民だった。その民に、神は目を留め、あわれんでくださり、あらゆる美しい宝石で飾ってくださった。それを忘れるな、と。

「キリスト者になる」ことの始まりには、まったくの恵み、すべての人をご自分の永遠のいのちの中に招こうとしておられる神の、〝百パーセント恵みのわざ〟がある。そのようにして「キリスト者になった」私たちは、弱い人間の中で働く神の恵みの力を、とことん経験し、こんなにも神が私たちに目を留めてくださっていることを知り、ありがたくて、うれしくて、それこそ歌い踊りながら、神のわざを賛美するよう招かれているのだろう。

実際、イエスによって癒された病人たち、罪びとたちが、「躍り上がって」神を賛美した、と、福音書は随所で伝えている。しかし……それで終わりではない。

私たちは、根本的に弱い者であるから、キリスト者となった私たち自身の「恵みの身分」に反する思い、行いの誘惑に、常にさらされている。

使徒聖パウロは、キリストのためにささげ尽くした自分の生涯を、「戦い抜いた」というイメージで伝えている。そして、自分が建てて世話をしている教会のメンバーたちに、イエス・キリストを知る以前の状態に戻らないよう戦うために、「イエス・キリストをまといなさい」と勧めている。

イエスご自身、弟子たちに、「目覚めていなさい」と繰り返す。キリスト者は、自分は救われたから安心と、ボーっとしているヒマはないのである。

キリスト者であることの驚きと喜びを、どれほど表しているのだろうか

私たちの生涯のさまざまな転換期に、強力に働いた「神の恵みの力」。でも、それを経験した後、ボーっとしていたら、その恵みの力は、私たちの中で育つことなく、いつの間にか日々のさまざまな出来事の中で埋もれてしまうだろう。

鈍くなりがちな私たちの心を目覚めさせるために、教会は、子どもたち（私たち信徒）に、「典礼」、「秘跡」という素晴らしい賜物を与えてくれる。日々、新たに、神の「みことば」が与えられる――旧新約の聖書朗読の中で、聖体の秘跡の中で――。

旧約聖書は、ダビデ王が、自分の王国、シオンの山の上に建てた「幕屋」に、神の契約の櫃《ひつ》（民

と共におられる神の現存の象徴）を迎え入れるとき、契約の櫃の前で（つまり、主の前で）「力の限り踊った」と伝えている（〈フラ〉サムエル記下6・14参照）。

ご自分の民と共におられる神、共に歩かれる神を迎えるために、言葉では言い尽くせない感謝と賛美を体中で表したダビデ王。

それならば、私たちのため、私たちの救いのために、降りて来て、おとめマリアの胎の中で肉を取り、人となり、苦しみ、死に、復活したイエス・キリストを、「典礼」の中で、「秘跡」の中で、本当に私たち自身の中に迎え入れることのできるという、このキリスト者であることの喜びと驚きを、私たちはどれほど表さなければならないのだろうか。

私は、洗礼の恵みを受けてから、三十年近くたった。ようやくこのごろ、自分がどんなに罪深い者であるか、ひじょうにしばしば、神の恵みの力に信頼せず〝神のやり方〟よりも〝自分のやり方〟を優先させようとするか……がわかってきた。

だから、**「わたしが来たのは、正しい人を招くためではなく、罪人を招くためである」**（〈フラ〉マルコ2・17）というイエスのことばが心底ありがたい。そして、思う。

「そうか。神は私のみじめさに目を留めて、こんなに大きな恵み、洗礼の恵みに導きいれてくださったのだ。私がみじめであればあるほど、私の心は神に開かれ、そして神は、この私の貧しさをとおして、偉大なわざを行われるのだ！」

言葉や行いよりも「存在」をもって

毎日の典礼のありがたさ、秘跡を受けることのできる幸いを、このごろしみじみと感じる。

歳を重ねるということは、人間がいかにもろいものか、自分の力では何もできないものであるかがわかってきて、少しずつ、いのちの不思議さ、人間の能力以上の恵みの力に開くことができるようになる、ということなのかもしれない。

キリスト者になる、とは、神が世の「知恵ある者や賢い者」に隠し、「小さい者」に現してくださった、真の幸い（〈フラ〉ルカ10・21参照）を受け継ぐ者となる、ということでもある。先輩たち、そのまた先輩たち……世の始めから神の祝福を受け継いできた無数の「小さい者たち」。

教会は、降誕祭に近づく日々の典礼の中で、主の到来を待ち望む神の民に、神のことばを告げる。**「わたしはお前の中に、謙虚な民、貧しい民を残す。彼らは主の名に身を寄せる。イスラエルの残りの者は不正を行わ「ない」…」**（〈フラ〉ゼファニヤ3・12〜13）。

私の洗礼の「時」を、辛抱強く準備してくださったのは、ご自分が造ったものを決して見捨てない「わたしたちと共におられる神」である。しかし同時に、そのかたわらに、どのような苦難のときでもあきらめず、信じ続け、祝福を脈々と受け継いでくださった、神の民の「小さな残りの者たち」がいる。

「キリスト者となる」とは、私に祝福を受け継いで来てくださった、「小さな残りの者たち」の心を継いでいくことでもある。

神の「やり方」は、この世の「やり方」とは異なり、しばしば、それに逆行する。「小さな者たち」は、現代の世の中にあって、神の「やり方」を、言葉や行いよりも、まず「存在」をもって現す者たちなのだろう。

恐れずに、出ていこう

私は「出ていって」いるだろうか

二〇一八年五月の初めに、MAAO（現在AOMAと改名。アジアとオセアニアのマリアン・アカデミー）設立準備のために中国（太原）に行ってきた。

初めての中国、出発前の中国からのメールは、「ちょっと寒め」、「だけど、すごくは寒くない」、「（修道服ではなくて）私服を着て来てください」、「空港のパスポートコントロールで、たぶん、大丈夫だと（中国に入れてくれると）思うけど……」と、何やら不安をあおる内容だった。

教皇フランシスコは、〝若者たち〟に、たびたび言っている。「恐れないで！」「Rischiate！（危険を冒して！）」

教皇の思いの中では、ぬくぬくと自分の快適な場所に留まらず、「何かできるかも」、「とにかく、何かしよう」と、「出ていく」人こそ、年齢に関係なく〝若者〟なのだ。イエス・キリストの名のために、「危険を冒して！」という呼びかけは、初めての国に足を踏み入れる不安を抱えていた私にとっても、心に響く言葉だった。

教皇フランシスコは、二〇一八年に入って、南イタリアのバリに（四月二十日）、チリとペルーに（一月十五日～二十二日）、二〇一七年はミャンマー・バングラデシュに（十一月二十六日～十二月二日）、コロンビアに（九月六日～十一日）、ファティマに（五月十二日～十三日）、エジプトに（四月二十八日～二十九日）、「出ていって」いる。

それぞれの地で教皇は、さまざまな人々と出会い、共に主に感謝し、主が約束した希望のうちに、信仰にしっかり留まるよう励ます。どこの地でも、教皇は自分が、「貧しい一巡礼者として」、主がその地に、その民に託した富――文化の中に具体化した信仰の宝――に感謝し、祝い、学ぶために来た、と言っている。

そんな、教皇の姿、わざ、言葉に日々触れながら、そして、同じように生きた数えきれない先輩たちの姿を思い巡らしながら、自問する。私は今、「キリストの熱い思い」に突き動かされ、「危険を冒して」、「出ていって」いるだろうか。

もっともな理屈

教皇の言うことは、物理的に外に出ていく、ということだけではない。キリストに似る者になるという歩みを弱らせ〝中和〟させる、狡猾な敵と闘うために、危険を冒しているか、ということだろう。

これから自分の身に起こる受難を予告したイエスを「わきへお連れして」、「主よ、とんでもないことです。そんなことがあってはなりません」といさめようとしたペトロは、イエスから「**サタン、引き下がれ。あなたはわたしの邪魔をする者。神のことを思わず、人間のことを思っている**」（マタイ16・23）と叱られた。

「ペトロって、しょうがないね～」と、私たちは簡単に言うけれど、実は、このペトロの〝もっともな理屈〟は、私たちもしょっちゅう使っている理屈だ。イエスが、エルサレムの十字架に向かって進むのを妨げようとする、もっともな理屈。


「私が何か動き出せば、やっぱりもっと良くなるかなぁ」

「え～っ、その年で、まだそんな夢みたいなこと言ってるの？」

「でも、今、私たちが一歩踏み出さなければ、次の世代の人たちはどうなるの？」

「そんなこと言ったって、私たちだけ頑張ったって無理だし……。どうせ何も変わらないしねぇ」

「教皇は、聖パウロの言葉をかりて、私たちを強めてくださる方とともにするなら、私たちはいつも勝利するって言ってるよ」

「う～ん、でも、それって『現実的』じゃないよね～」

「洗礼を受けたとき、私たちの中に聖霊が入ってきたのだから、その力に信頼して一歩を踏み出そうということなんだろうね」

「でも、聖霊って目に見えないし、本当に、ここで働いているのかな～。何かするだけ無駄なんじゃないかって思っちゃうんだよね」

こんなやりとりは、教会の中でも、人々の中でも、自分の中でも、結構、起こっているのではないだろうか。

チャレンジは「学び舎」

私たちが、何か、栄光に満ちた権力、光り輝く正義、悪者を打ち倒す勝利の王……というイメージでこの世にキリストのしるしを探し求めるなら、簡単に、悪魔の罠に引っかかるだろう。「**わたしについて来たい者は、自分を捨て、自分の十字架を背負って、わたしに従いなさい。自分の命を救いたいと思う者は、それを失うが、わたしのために命を失う者は、それを得る**」（マタイ16・24～25）と言うイエス。それに反して、悪魔は私たちにささやくだろう。「あなたは正しい。悪いのは、あなたではなく、あの人、この人……。社会が悪い、この環境が悪い。だから、頑張ったって無駄。どうせ理解してもらえない……」

古代の教父たちは、このような闘いの中で、神の母マリアから「主を真ん中に置く」ことを学ぶようにと呼びかける。私たちの力だけで、「狡猾な」悪魔と闘うことはできない。だから、私たちが真に貧しく弱い者であることを受け入れて、「神の母」のマントのもとに駆け寄り、キリストを中心に置いて、キリストに従う道を歩めるように祈りなさい、と。

「神の母よ、悪魔の誘惑はとても巧妙で、執拗で、私の力以上のものです。私は弱く貧しい、あなたの子です。どうか、急いで助けに来てください！　主の望みが、主のみことばが、主のわざが、私の中で行われますように！」

そうやって神の民はずっと、荒波や嵐の中を進んできたのだろう。神の母マリアを、荒れ狂う海の中で目的地を示すために空に輝く「星」と呼びながら。

話はもとに戻って……。初めての中国行きは、別世界とも言える、豊かな体験となった。

「恐れずに」「出ていく」こと、未知なるものへのチャレンジは、自分は特別な力もなく、弱い者であることを知り、謙虚になるための「学び舎」である。そして、見栄も肩書も（もともとないけれど）捨て去って、本当の自分自身になれるときでもある。

一緒に伝えていく「記憶」

語り継ぎ、受け継がれてきた「根」の記憶

私が八年間在籍したキリスト教系の学校では、毎日、文語体で聖書のことばを聞いていた。その中でも「種蒔きのたとえ」（マタイ13・3〜8）は、言葉のリズムも心地よく、好きだった。間違っているかもしれないが、こんな感じだった。

種播く者、播かんとて出づ。播くとき路の傍らに落ちし種あり、鳥きたりて啄《ついば》む。……良き地に落ちし種あり、あるひは百倍、あるひは六十倍、あるひは三十倍の倍の実を結べり。耳ある者は聴くべし。

道端に落ちて鳥に食べられない限り、最初はみんな同じように芽を出す。でも、石だらけで土の少ないところに落ちた種は、根が張れない、茨の間に落ちた種は、天に向かって伸びることが

できない。一方で、良い土地に落ちた種は、根を深く、広く張り、芽は天に高く、まっすぐに伸びる。やがて実を結んで、あるものは百倍、あるものは六十倍、あるものは三十倍にもなるというのだ。

教皇フランシスコは、この、地下に深く伸びる「根」は、「記憶」だと言う。それは、「個人」の記憶だけではなく、「民」の記憶。「共同体」で共有する記憶。主はモーセをとおして、イスラエルの民に繰り返す。

聞け、イスラエルよ。我らの神、主は唯一の主である。あなたは心を尽くし、魂を尽くし、力を尽くして、あなたの神、主を愛しなさい。今日わたしが命じるこれらの言葉を心に留め、子供たちに繰り返し教え、家に座っているときも道を歩くときも、寝ているときも起きているときも、これを語り聞かせなさい。

（申命記6・4～7）

この、記憶すべき、繰り返すべき、語り聞かせるべき主のことばは、私たちのただ中に、具体的に人となるために降りてきた永遠の「みことば」、イエス・キリスト自身の中に、完全に、決定的に実現される。

ところで、考えれば考えるほど、いつも新たに驚かされるのは、私たちの「根」、迫害下のキリシタンたちの信仰である。約二百五十年間、七世代にわたって、イエス・キリストへの信仰を

「語り継ぎ、受け継いで」いった先祖たち。

特に、七世代の「間」にいた、二世代から六世代の先輩たちは、神父を見たこともなく、ミサにあずかったこともなく、キリスト者であるということだけで迫害され、隠れて住み、身分を奪われ、貧しい生活を余儀なくされていたはずだ。彼らが実際に生きていた現実においてイエスを信じるということは、迫害され、嫌われることであり、快適な生活とはほど遠いものだった。

もし、「つらくても頑張れ!」というだけだったら、七世代も「生き生きとした」信仰は受け継がれなかっただろう。彼らはどうやって、子どもや孫にイエス・キリストへの信仰を伝えていったのだろう。どうして彼らは、「この世のいのちよりも、もっと大切な永遠のいのちがある。キリストさまを信じることは、この世のどんな幸福よりも、ずっと大きな幸福だ」と、喜びや感謝に満ちた「記憶」を伝えていくことができたのだろう。

出会いの喜びを伝え続ける信仰

イエスと出会うとき、私たちはその喜びを自分だけのものとして閉じ込めておくことはできない。イエスと出会う「喜び」は「伝染する」という。イエスとの出会いは、そのものが「共同体的」である。

キリシタンたちはまた、迫害のもとで、ミゼリコルディア(いつくしみ、あわれみ)のわざを大切にした。イエス・キリスト自身が、貧しい人、牢屋にいる人、お腹のすいている人、のどの渇いた人、裸の人――助けを必要としてる人こそ、「わたしである」と言ったから。

でも、ただ貧しい人を食べさせ、裸の人に着せ、病気の人の看病をするだけでは「過保護主義」または「温情主義」となる危険がある。

人々のところに出て行く教会の奉仕は、そうではなく、「心の回心」の奉仕だ。「私たち自身」「教会自身」の絶え間ない回心から、つまり、絶え間ない「キリストからの再出発」から生まれる奉仕である。

私たちは、現代社会の中で、たくさんの手段、たくさんの情報をもっている。それらは、もちろん、良いものであれば有効であるし、使うべきである。しかし、「根」から離れないよう、「記憶」を忘れないように警戒しなければならないだろう。

私たちの信仰は、概念でも、哲学でもなく、イエス・キリストとの「出会い」だ。だから、出て行く。だから、体で表現する。だから、共に声を合わせる。だから、共同体の生活の中で、切磋琢磨するのだ。

イエスを待ち望みながら

毎年降誕節の間、私のいる修道院では、教会の中で、異なる時代や場所を経て形づくられてきたさまざまな伝統的な崇敬や賛美が行われる。高齢のシスターたちも、若いシスターたちも、喜んで、生き生きと参加する。

例えば勉強会をするとか、本を読むといういつも行っていることも、主の賛美の助けにはなるだろう。でも、それと同時に、私たちは降誕節の間、「体」を使って、能動的に、積極的に、具体的に、そして「みんなと一緒に」崇敬を表現する。私たちは行列をしたり、賛歌を歌ったり、「幼子イエスさまへの手紙」を書いたりする。

そして祭壇前に置かれた幼子イエスの像の周りに集まり、各々、座ったり、跪いたりしながら、共に祈る。「みことば」を声に出して読み、開き、「沈黙」のうちに思い巡らす。そういうことが、血となり肉となり、私たちの素朴な信仰生活を、共に、育てていくのだろう。今日もまた、一緒に一歩。今日もまた、声を合わせて。今日もまた、ちょっと意識して……。

イエスの母マリア、あなたは私たちに先立って、信仰の旅路を歩みました。

私たちの「よたよた歩き」を支え、日々の生活のただ中でイエスと出会うための、確かな道しるべとなってください。私たちが、イエスの「まなざし」に触れられ、過ちに気づき、絶え間なく回心することができますように。私たちの回心をとおして、人々にイエスを運ぶことができますように。アーメン！

あの人のせいで……から自由になるとき

わたしは悪くない！

旧約聖書、創世記の3章に、蛇にそそのかされたアダムとエバが、神の禁を破って善悪の知識の木の実を食べ、エデンの園を追放される、という多くの人に知られた話がある。この挿話について、十二世紀の神学者ですぐれた説教家としても有名な聖ベルナルドゥスが、ある説教の中でアダムに語りかけている。

前後の脈絡なく、敢えて平たく言ってしまうと聖ベルナルドゥスは、木の実を食べてしまったあと、神に口答えしたアダムに言う。

「アダムよ、お前の言い方には悪意があったぞ」

では、アダムはどのような言い方をしたのだろうか。聖ベルナルドゥスの説教で述べられる表現で言うと「主よ、あなたがわたしに与えた女が、わたしに木の実を差し出したので、わたしはそれを食べました」（創世記3・12参照）となる。つまり、「女が悪い、わたしは全然悪くない！」と全面的に相手のせいにしているのだ。さらには「わたしにあの女をくれた、あなた（主）が悪い」、とまで。そこで聖ベルナルドゥスは説教の中でアダムに語りかける。

「確かに、女（楽園から追放されたあと、エバと名づけられる）も悪かった。でも、アダムよ、女だけが悪くて、お前はまったく悪くなかったとは言えないだろう？　実際お前は、過失を人のせいにすることによって、自分の罪を消すどころか、それをますます重たくしたんだよ、わかっているかい？」というような感じで。

神はアダムを自由な存在として造った。だから女が「おいしそうだから食べようよー」と言っても、「いや、それはいけない」とか、「まず、神に聞いてみよう。神はわたしたちに、それを食べてはいけないと言ったのだから」と言うことができたはずだ。それなのにアダムは、女に言われるままに「そうだねー、おいしそうだねー」と食べてしまった。それは、アダムが自由に、自分の意志で食べたということだろう。それでもアダムは、自分はまったく悪くない、と言い張る。

そこで、ユダヤ教の知恵も借りて考えてみると、もしあのとき、アダムが「確かに自分も悪かった」と認め、その責任を負っていたら、人間の歴史は変わっていたかもしれないという仮説が生まれる。

つまり、「あの女のせいです」とは言わず、「わたしは食べてはいけないと言われた実を食べてしまいました」と言っていたなら、アダムとエバの二人が、神の前に進み出て、「ごめんなさい、わたし（わたしたち）が悪かったのです！」と言ったとすれば、「自由」な存在として造られた人間が、それにふさわしく生きるための第一のハードルを、あの状況の中で、あのとき、クリアできただろうから。

主がアダムに求めたこと

「真に自由になるための第一のハードル、それは〝個人的責任 personal responsibility〟を自覚し、他の人に押しつけずにそれを自ら負うことだ」(Jonathan Sacks)。

「あの人、この人、この状況のせいで……」と、他の人に、または物事に責任を負わせることばかり考えているうちは、私たちはまだ自由ではない。

アダムと女は、木の実を食べたあと、**「主なる神が園の中を歩く音が聞こえてきた」**（創世記3・8）**ので「主なる神の顔を避けて、園の木の間に隠れる」**（同3・8）。

アダムは、主が、自分のしたことに怒り、罰すると思ったのだろう。だから、主の怒りを避けるために、女が悪いと言い訳をする。アダムの言葉の中には、罰するなら女を罰してね、というニュアンスがある。

しかし、主は「誰が」悪かったか、と犯人捜しをするために、アダムに次の問いをしたのではない。**「取って食べるなと命じた木から食べたのか」**（同3・11）。

主は、すでに何もかもご存知だ。蛇（悪魔）が、人間の弱さにつけこむことに巧みであることを知っている。主がアダムに求めたことはただ一つ。単純に、「わたしはあなたの命令に背きました」と告白し、子どもの信頼をもって「ゆるしてください」と願うこと。それが、真の「自由な人間」の態度だ。

創造主である神は、私たちに、すでに存在の始まりに、ご自分の真の自由を刻印してくださった。しかし、それを起動するのは、私たちの責任、義務だ。自由は、オートマチック（自動的）に起動できるものではない。なぜなら、自分に与えられた自由を、自分の全人格で、心、体、魂を尽くして生きることが、自由な存在であることの本質だから。

「真の自由」こそ「真の平和」

人にはそれぞれに言い分がある。でも、自分の言い分（言い訳）ばかりを考えていると、相手の言い分は、私の耳に、心に入らない。自分の苦しみだけに心がいっぱいになっていると、相手の痛み、苦しみを感じることはできない。あの人が、この人が、この状況が悪い……と、正当に言うことができたのに、それをまったく言いもせず、考えも思いもしなかった歴史上唯一の存在、それがイエス・キリストだ、と言うこともできるだろう。

百パーセント正しい方、「何も悪いことをしていない」（ルカ23・41参照）方であるイエスは、しかし、人々（私たち）を非難するどころか、父に懇願する。**「父よ、彼らをお赦しください。自分が何をしているのか知らないのです」**（ルカ23・34）。

郵便はがき

料金受取人払郵便

日本橋局
承認

589

差出有効期間
2023年5月
23日まで

103-8790

052

東京都中央区日本橋小伝馬町1-5
PMO日本橋江戸通

株式会社 **教育評論社**
愛読者カード係 行

ふりがな		生年 明大 昭平 □□ 年	
お名前		男・女	歳
ご住所	〒 都道府県 区市・町 電話 ( )		
Eメール	@		
職業または学校名			

当社は、お客様よりいただいた個人情報を責任をもって管理し、お客様の同意を得ずに第三者に提供、開示等一切いたしません。

愛読者カード

※本書をご購読いただき有難うございます。今後の企画の参考にさせていただきますので、ご記入のうえ、ご返送下さい。

書名

●お買い上げいただいた書店名

（　　　　　　　　　　　　　　　　　　　　　　　　　　）

●本書をお買い上げいただいた理由

□書店で見て　□知人のすすめ　□インターネット

□新聞・雑誌の広告で（紙・誌名　　　　　　　　　　　　）

□新聞・雑誌の書評で（紙・誌名　　　　　　　　　　　　）

□その他（　　　　　　　　　　　　　　　　　　　　　　）

●本書のご感想をお聞かせ下さい。

○内容　□難 □普通 □易　　○価格　□高 □普通

●購読されている新聞、雑誌名

新聞（　　　　　　　　　）雑誌（　　　　　　　　　）

●お読みになりたい企画をお聞かせ下さい。

●本書以外で、最近、ご購入された本をお教え下さい。

購入申込書　小社の書籍はお近くの書店でお求めいただけます。直接ご注文の場合はこのハガキにご記入下さい。

書　名	部　数
	冊
	冊

ご協力有難うございました。

この、十字架上のイエスのことばに、私たちは慣れっこになり過ぎているのかもしれない。たとえささいなことでも、人のせいにせずに自分の責任を認めることがどんなに難しいかを体験すればするほど、神のゆるしの力の大きさ、広さを、より深く知ることができるのだろう。ただだ、このみじめな私の救いだけを望んでいる神の心の偉大さ、計り知れなさに驚嘆することができるのだろう。

真に自由な人間であるイエス・キリストこそが、「真の平和」である。自由な存在として造られた私たちは、私たちの足で、私たちの今いるところで、喜んで、そして責任をもって、私たちのただ中に降りて来られた主の「真の平和」を運ぶよう、呼ばれているのだろう。

Chapter 2

「普通の日々」に吹く神さまの風

一つの「体」を造る

「キリストの体」は身近な共同体

神は、御自分の望みのままに、体に一つ一つの部分を置かれたのです。……目が手に向かって「お前はいらない」とは言えず、また、頭が足に向かって「お前たちはいらない」とも言えません。……一つの部分が苦しめば、すべての部分が共に苦しみ、一つの部分が尊ばれれば、すべての部分が共に喜ぶのです。あなたがたはキリストの体であり、また、一人一人はその部分です。神は、教会の中にいろいろな人をお立てになりました。

（一コリント12・18〜28）

私は、この使徒パウロの言葉が好きだ。なんとなくユーモラスでもある（私にとって）。共同体の中で、「あの人、これができない」、「この人は、片付けが下手だ」、「掃除の仕方が悪い」、「計算が下手だ」と、ごそごそ言う声が聞こえてくる。でも、それに「気づくことができる」自分、「あれはできないけど、これならできる」自分に感謝して、一つの体を造り上げている部分である自分を、なんというか「具体的に」意識しながら生きる、そのとき、「私」は確かに、今、「キリストの体」を造っているのではないか。

「キリストの体」は、まず、身近な、目に見える共同体だと思う。自分の属している共同体、家族……、そしてその「具体的な」共同体をとおして、初めて、より大きな「体」、果ては、地上と天上をつなぐ大きな神の家族を造り上げていくのだろう。

シスター・ルカ「でも」できる

修道院の作業室で「手作りゆずこしょう」を作っていた。とうがらしをミキサーにかけるところから、全部手作りである。ちょうどイタリア出張から帰ってきてぐた〜っとしていた私は、「私、何も手伝わない！　見てるだけ！」と言った。すかさず「仲間」の一人が、「手伝うって言ったって、手伝わせない！」と言い返す。

私は、はっきり言って「不器用」である（はっきり言わなくても、私の共同体の中では、誰でも知っているけれど）。私に、手先の「器用さ」が求められることをさせても、うまくいかないのは、これはもう「仕方がないこと」だ、と、仲間たちは受け入れている。とうがらしをミキサーにかけることぐらいできるとは思うけれど、これまた、くたばっている私を思いやる気持ち半分、不器用な私を「用心する」思い半分、だろう。

私たちの修道院では、修道名で呼び合っているので、私は「シスター・ルカ」と呼ばれている。私たちの修道院には「シスター・ルカ『でも』できる」、という「用語」がある。つまり、私のような不器用なものでもできるのだから、「誰でもできる」という意味である。

私を知らない人から急にそんなこと言われたら、頭にくるかもしれないが、互いを知り合い、（ときにはぶつくさ言いながらも）補い合っている仲間たちに言われれば、つい「ハハハ」と笑ってしまう。

実際私が、私の不器用さゆえにカバーできない部分、ちゃんとできない部分を、共同体の「仲間たち」が補ってくれる。私が一生懸命やってもできないことは、（やってあげようか、というのは気恥ずかしいから）「もう、見てられない！」とか言いながら、手を出してくれる。私も、パソコンを「触るのも恐ろしい」と思っている共同体の「仲間たち」のために、写真をプリントアウトしたり、インターネットで電車の時刻を調べたりする。

誰が手で、誰が足で……というのは、あまり重要ではないだろう。大切なのは、神さまがちゃんと、御自分の「体」（キリストの体）の中に、手も、足も、目も、耳も……準備してくださっている、ということだ。

「手」は「足」にできないことをしてくれる

「足」である私は（どちらかというと、私は自分が「足」ではないか、と思っている）、「本当に手はあるのだろうか」「目はあるのだろうか」と心配する必要はない。体を造ってくださっているのは、神さまなのだから。

心配しなくてはいけないのは、「足」である私が、「目」や「手」を、足ではないからといってバカにしたり、「何にもできないんだから！」とぶつくさ言ったりしない、ということだろう。

修道院の「仲間たち」と言うとき、それは、「仲のいい友達」とはちょっと違う。仲がいいから仲間なのではなく、神さまが共に住むように計らってくださった「兄弟姉妹」だから「仲間」なのである。性格も、召命の動機も、年も、生まれた場所も、とにかく私にとっては違うことばかりの仲間たち（反対に言えば、私は、仲間たちにとってはかなりの「変わり者」である）。仲よく手をつないで、というより、互いに自分の限界を認めながら（足は手ではないのだし……）、それでも、限界ある自分を補ってくれる仲間がいることに感謝しながら（手は、足にできないことをしてくれるのだし……）、ときには「うらやましいな〜」とも思うけれど、でも最後には感謝し合いながら、そうして、「体」全体を造っていく。

「体」の「かしら」は、キリストなのだから、心配することはない。感謝して、信頼して、委ねて、自分にできることを、足は、足にできることをこつこつとやっていけばよいのである。

日々の「営み」を、神の救いの営みと重ねて

神さまの救いの営みを、大きな「織物」としてイメージする教会の知恵が、私は好きである。

今日は私にとって、つらいことがあった。つまらないことで、怒ってしまったり、話をちゃんと聞けなかったりした。ごめんなさい。

今日は本当は、この仕事がしたかったのだけれど、急に違う用事が入ってしまった。半分いやいやながらしてしまったけれど、とっても感謝された。もっと心を入れてすればよかった。ありがとう、そして、ごめんなさい。

この前、私が書いた記事を読んで、「とても力をいただきました」と言われた。私の限界ある言葉は、その人の中で、聖霊に息吹かれて、限りなく飛翔していったのだ。すごいな。ありがとう。

今日、頭にきたことがあった。そのことを話そうと思っていたけれど、結局聞いてもらえる時間がなかった。もっと「孤独」の中で、ゆっくり思い巡らしなさい、と神さまが望んでおられるのだろう。ありがとう。

そんな、小さな小さなことが、横糸となって、大きな織物を造っているのだとイメージすると、神さまの目には、どんな小さなこともこぼれることなく、宝石のように救いの営みの中に組み込まれているのだ、と心底感動する。ありがたい、と思う。

みじめな、小さな、貧しい者たちの中で「偉大なわざ」を行われるのが、神さまの「やり方」である。ナザレのマリアは、神の民、イスラエルの娘として、その神の「やり方」をよく知っていたし、それを生涯、誰よりも深く体験した。だからマリアは、彼女の小さな小さな日々の「営み」を、神の救いの営みと重ねていくことができた。

私は、そんなマリアを見つめて、助けを願いながら、今日も、小さな小さな日々の営みを、神さまの心に合わせていこうとする。

「十字架のイエスさま視点」で見る、私
——委ねる、ということ

「キリストの中に、すべてが集められ、一つになる」(ヨハネ17、エフェソ1・10参照)とは、どういうことかを「体験する」のは、どんなときだろう。それは、人によって違うだろう。

私の場合は、人にやさしくできない、気遣いの一言を言うことができないとき、とことん自分のみじめさが嫌になるとき……。

「ひねくれ者」と言われそうだけれど、恵みでいっぱいに満たされたときよりも、私は、自分の弱さ、みじめさを思い知らされて、知りながらも、そこから抜け出せない自分を「腹の底まで」体験するとき、十字架につけられ、死に、葬られ、復活されたイエス・キリスト、「私たちのために、私たちの救いのために」、「私たちを一つに集めるために」すべてを差し出し尽くされたイエスへの信仰宣言を、実体験する。

やさしくできない自分、いたわれない自分、ワンクッション置いて冷静になって話ができない自分。イエスのように生きられない。だから、「委ねる」ことを学び始める。こんな私なのに、

それにもかかわらず、神は「いのちをかけて」救おうとしてくださった。

神の心

神の心の中心は、私たちの救いである。神の心は、思っていながら実行できないものではない。神の心は、計画の中に、すでに「実現」の芽がある。私たちのように、「したいな～、でもできない」ではなく、神の心、神のことば、神のわざは、一つである。

天地創造の始まりから、すべてが宇宙の中心に向かって、求心力である神の心に向かってうねり進んでいる。後退はあり得ない。私たちの短い一生では捉えることができなくても、目に見えなくても、感じられなくても、私たちの歴史は、宇宙全体は、常に常に、神の心に向かっている。

こんな私なのに、それでも神は人となり、私たちの間に住み、私たちのために生命をささげ尽くすことを望まれた。私の思考は、そこで止まることが多かった。「ありがたい」気持ちで満たされるけれど、でもやっぱり、「こんな私」だった。

ところがあるとき、自分がとことんみじめだと思い知らされ（それは大きな出来事の中ではなく、日常の普通性の中で）、「こんな私なのに」ではなく、「まさに、こんな私だからこそ」神の心は私を見捨てることができない、それどころか、私には理解できない大きな心を、私が知り、その中にひたされ、満たされることを望んでいらっしゃるのだ、と、気がついた。

それまで、十字架のイエスを見つめて、こんな私をも愛して……と、そればかり考えていたが、あるとき、十字架のイエスを下から見つめるのではなくて、十字架の上で、「十字架のイエスさま視点」で、みじめさに打ちひしがれている私を見つめてみた。

十字架の上から見る私は、「こんな、みじめな私」ではなかった。十字架の上のイエスご自身が、最もみじめな者になってくださったからだ。私よりも、もっともっと、みじめな者に。私が自分のみじめさに打ちひしがれることがないように。

その「最もみじめな者」、イエスは、十字架の上で最後の息を父である神さまに返そうとする直前、母マリアに言われた。「見なさい、これはあなたの子です」。そうして、愛する弟子ヨハネをとおして、ヨハネの真っただ中に、「私」「私たち」を、母マリアに委ねた。そして、イエスの母マリアは、ほんとうに、私たちの母となった（ヨハネ19・26〜27参照）。

「さあ、立って出ておいで」

「十字架のイエスさま視点」は、みじめな私を、大切な神の子、自分の兄弟姉妹として見ている。イエス・キリストの中に完全に現された神の心は、ひたすら「大切な子」として私と永遠に共にいたい、と望む心だ。そして、神の心は、すでに「実現」し始めている。私がそれを、受け入れさえすれば。

だから、十字架のイエスは、私に言われる。「出てきなさい。あなたが閉じこもっている部屋から。そして、私がいるところに来なさい」。

イエスがおられる、神の心が最も完全に現されたところである救いの場は、まさに、十字架の上。イエスは、最もみじめな者だからこそ、（自己嫌悪の象徴とも言える、アダムとエバから始まって）すべての人々を、「神の救いの場」に招き入れることができる。

「十字架のイエスさま視点」から、しょんぼりしている私を見つめて、わかった。「委ねる」とは、頑張って信頼して信じて自分を託す、というよりも、「開きなさい」「出てきなさい」、と招くイエスのことば、イエスご自身に向かって、私を開き、出て、委ねていくことだろう。「委ねる」とは、私が努力して何かをするのではなく、すべての初めから神と共にあった「ことば」（ヨハネ1・1参照）に耳を傾け、心の中に納め、思い巡らし、それを生きようとすることだろう。そう、まさに、ナザレのマリアがしたように（ルカ2・19、51参照）。

朝、祈りとミサを終え、青く澄み渡る空を眺めながら自分のみじめさを思うと、ふっと涙が出てくることがある。「こんな私なのに信頼してくださるのですか？　でも、もう私にはできない、前に進めません」と……。そんな私に、十字架のイエスは言われる。「あなたが閉じこもっているところから出なさい。そして、私のところに来なさい」。

みじめな自分に泣いている場は、「私だけの部屋」、涙は自己満足の裏返し。そこから「出る」ことは、私にしかできない。部屋を閉めているのは、私自身。私が望みさえすれば、いつでも出ることができるのだから。そして、その先は、委ねることだ。

私にはできない、と思う。日常の生活に、仕事の上に、安易な奇跡は起こらない。時間がない、

「さあ、着替えよう！」と思ったら、何かヘン。何がヘンなのか、とっさにわからない。そして……何と、もうすでに「着替えていた」ではないか！

「え〜っ？　いつ着替えたの〜⁈、ワタシ⁈　何も覚えていない‼」

「沈黙」の修室で、思わず笑い出す。しばらく一人で笑ってから、思った。頭であれこれ考える前に、体は習慣的に「着替えなくちゃ」と、いつものように四階に上がり、差替えていたのか……。信じられないけど、私自身の、自覚がないうちに。「黙っていても子は育つ、だなあ〜。頭で全部考えて心配しなくても、体はちゃんと慣らされていることをこつこつとこなしているんだ」なんて、わけのわからないことをつぶやきながら階段を下りる。

「こんなもんです、マリアさま。不器用だけど悪気はないから、こんな私をとおして、あなたの風が今日も吹きますように！」

こうしてまた、新しい、いつもの一日が始まった。

女性たちの叫び

「主よ、あわれんでください」神のいつくしみによりすがる。自分の心の中に闇を感じるとき、それを深く嘆くだけに終わらせず、それを「超えて」、神のいつくしみに委ねる。

「主よ、罪びとの私を、あわれんでください！」と叫びながら。

反抗期の子どもをもつ、母親。認知症が始まってきた家族の世話をする、娘。女性たちの「耐える」力、闇の中で「信じる」力。自分の世界から「出て」、大切な「あなた」のために、必要とあれば何年も何年も、信じて耐える力。希望をもって、沈黙のうちに、「あなた」に心を遣う、「心の力」。そういう女性たちの心に触れ、感動する。神さまが、生命を守り、はぐくむ女性に与えてくださった力だと感じる。生命を守るためには、今はわからなくても、ひたすら「あなた」を大切に思い、信じ、希望をもち続ける力が、要る。人の力を超えた、力。神さまが、女性たちの中にしるしてくださった、力。

「私」の思うように、ではなく、「あなた」の真の幸せのために、涙を流しながらも、あきらめず、切り捨てず、信じ、希望し続ける。そんな女性たちが、心の奥底から叫ぶ。「主よ、あわれんでください!」

神さまが、その叫びを聞かないことがあるだろうか。「あなた」の幸いのために、「わたし」の満足から出て、わざわざ、自分の思いどおりにならない世界に入り、生きる。イエスの生涯は、まさにそういう生涯。すべて「あなた」のため、「あなたたち」のために使い尽くされ、生き抜かれた、生涯……。

だから、大切な「あなた」のために叫ぶ女性たちの声を、主は、必ず聞いてくださる。

日本人はマリアさまが好き?

「私は、日本人は、マリアさまが好きだって思います!」

母親であるKさんの、どこまでも素直な一言。私の心に、スーッと入った。Kさんの「好き」という言葉には、感情的な好き嫌いを超えて、「大切にする」「大事に思う」心が込められているように、感じた。そう、まさに、母が子を大切にするように。文字どおり、「自分のように」大切にする心……。

Kさんは言う。娘に対して、単に自分に「似ている」というレベルではなく、「同じ細胞」でできている、とっても深いところで、「同じもの」で造られている、と感じる、と。

キリストは、神でありながら、私たち人間と「同じもの」となることを望まれた。そう、私たち人間と「同じ細胞」で織りなされることを……。私たちを、ご自分の「似姿」として造られた、神さま。その神さまが、今度は、私たちと「同じもの」になりたい、と望まれた。私たちを、「細胞」から、最も小さな単位から、「造り変える」ために。本来の、神の「似姿」に回復するために。これはもう、理論の世界では、ない。

Kさんの言葉を味わいながら、宇宙の広がりの中で、こんなにも大切にされている「私たち」の、いのちの不思議さを、思った。

「壁」を乗り越えるとき

私は理解されていない

認められたい、よく思われたい、好かれたい……、どれも人間として自然な感情であり、悪いことではない。でも、ここに「私が」、「あの人より私が」、「私だけが」、「あの人には……」が入ってくると、心の中に混乱も入ってくる。

他者を慕う心、大切にする心、愛する心は、人間の感情の中で最も美しい、尊厳のあるものだが、そこに、「私が」、「あの人より私が」が入ってくると、それはもはや、最も尊い人間の心から、単なる「所有欲」という、相手を精神的に殺しさえするものになる。

ときに私たちは、自分の霊的成長にとって、「この人」、「この神父さま」、「このシスター」が必要、何が何でも、「あの人」が必要と考えてしまうことがある。「あの人」は「私」に対して、他の人よりも、特別のケアをもっていてほしい。そうならないとき、怒る、悲しくなる、「私は理解されていない」と思う――。

ほんとうは、主が、私のためにいちばんふさわしい人をそばにおいてくださっているのに、その人は、「私の」霊的成長にとってふさわしくない、と「私」は思うことがある。そして、自分のことを理解してくれる人ばかりをさがす。

私を理解してくれる人についていきたい――今、私に与えられている長上や上司、周りの人々ではなく。自分の気持ちがわからないと私が思う人を、拒む。

私が、自分の霊的生活を自分でコントロールしようとするとき、「悪魔のささやき」は、すっと入ってくるのだろう。

「壁」の名は、「私自身」

キリストについていく生活の中で、誰もが乗り越えなければならない「壁」がある。ある人にとっては、とっても高く、丈夫な壁。ある人にとっては、もしかしたら、もう少し低い壁。でも、誰もが壁をもっている。その「壁」の名は、「私自身」。きっと、私がこの「壁」を乗り越えるとき、私がこの最後の砦を手放すとき、そのとき、すべてが与えられるのだ。でも、壁のこちら側にいる限り、私はそれに決して到達することができない。

例えば日々の生活の中で、教会共同体の中で、奉献された共同生活の兄弟姉妹の間でさえ、まことの交わりは、この「壁」の向こう側にある。

私が、「私」と「あの人」「この人」の関係に留まって「壁」のこちら側にいる限り、到達することのできない、まことの交わりだ。そして「壁」を越えたとき、「あの人」とも、「この人」とも、まことの交わりを見いだす。

そんなものじゃないかな……。みんなにとってどうかはわからないけれど、私にとっては、いつも、そう。

認められたいと思うとき

「壁」のこちら側で、うろうろ、悶々としている間は、実は、「私」しか愛していないのだろう。他者のために悩んでいるように思っても、他者のせいで苦しんでいるように思っても、やっぱり、実は、「私」が大切で、「私」が認められたいと思っているのだろう。

「壁」は、たとえ神の恵みで、一度は乗り越えたと思っても、またすぐに、別の「壁」が目の前に立ちはだかる。そこで「かわいそうな私」に戻るとき、また新たな「壁」がそこにある。そして私たちは、「孤独」や「沈黙」を恐れるあまり、いつも、誰かに近くにいてほしい、かまってほしい、気にかけていてほしいと思う。

孤独は、それが、誰も「私を」わかってくれないという絶望感に満ちているなら、いつまでも、不毛だ。しかしそれが主への思いに満ちているならば、苦しくても、不毛ではない。

イエスは究極の孤独の中で、絶望に身を任せない

イエスは、ほんとうにわたしに従いたいのなら、「自分を捨てて」「自分の十字架」を担って、

わたしに従いなさい、と言う。ほんとうにイエスに従いたいのなら、この「壁」を乗り越えて、「私」から出て行かなければならないということだろう。私の心の内奥には、誰も入り込むことができない。私が開かなければ、神さえも入ることができないのだから。

イエスは究極の孤独の中で、絶望に身を任せなかった。「壁」を越えて、その向こう側にある、さらに広い、さらに深い、さらに高い「他者」、絶対の「他者」、父である神に、すべてを委ねることを知っていた。だから私たちも、孤独と思えるそのときの真っただ中でも、愛することができるのかもしれない。それは主イエスのゲッセマネの園での「孤独」、十字架の上での「孤独」につながるから。

主イエスに心の内奥を開ける人は、幸い

イエス・キリストが、「まったく他者のための存在」であったという真理は、すべての人間が、そして特に私たちキリスト者が、生涯かけて深めていかなければならないものだろう。生涯かけて……なぜなら、それはたとえ言葉の上や理屈でわかったとしても、心に深く「降りる」べき真理だから。

そのとき、私が心の内奥で望んでいたものがすべて、私が想像していた以上の豊かさで与えられる。でも、それは「壁」という、私のエゴの向こう側にある。

アシジの聖フランシスコの心をよく表していると言われる、有名な「わたしをあなたの平和の

道具としてください」という祈りがある。主よ、「わたしが」あなたを所有するのではなく、「あなたが」わたしを、自由に使ってくださるように、という祈りだ。

自由に使ってください。主が私を近くに呼び寄せて、共にいることを望むなら、私はあなたの近くに行きます。でも、主が私を遠くに遣わすことを望むなら、そして、沈黙することを望むなら、私はあなたの沈黙の中で、はるかかなたの地で、あなたのようにすべてを与え尽くして生涯を使い果たします、という祈りだ。

「孤独」な戦いの中で、自らの「壁」を乗り越えて、主イエスに心の内奥を開ける人は、幸い。その人は、慰められる。

思ったとおりにいかないもので……

こんなはずではなかった

大切なお祝い日を準備する。心の準備、食事の準備、部屋の準備。一生懸命にした。もちろん、足りないところはたくさんあるけれど、それでも何とか補い合って、この日を迎えた。……そんなとき、ちょっとした食い違いが起こる。誰が悪いわけでもないけれど、なぜか言い争ってしまう。せっかく心をこめて準備をしたのに、何となく心いっぱい喜ぶことができなくなる。心いっぱい、純粋な喜びのはずだったのに、何かシミがついたような。

あれと、これと、それが悪かったんだ。やっぱり私は、何をしてもだめだ。せっかく一生懸命したのに、何もあんな言い方をしなくてもいいのに。起きてしまったことは、起きてしまった。消しゴムで消すわけにはいかない。忘れ去ることもできない。でも……。

母の首にしがみつく、幼いイエスのまなざしは、母マリアに向けられている。母マリアのまなざしは、私に、そして、かなたに向けられている。「いつくしみの聖母」のイコンである。母のまなざしは当惑しているようでもある。神さまは、こんなにも私を大切にしてくださっている。神さまは、こんな私を愛することを、恥とされない。私の神であることを、一瞬も戸惑わない。イコンの中で、幼子イエスに現される、神の心は、こんなにも大胆だ。こんなにも力強い。

こんなはずではなかった。思いどおりにはいかなかった。私たちの心に起こる寂しさ、悲しさ、小さなすれ違いで遠く離れてしまった心の痛みを、幼子にしがみつかれている母は、知っている。知らない他者からくる悪意、裏切りの苦しみもあるだろう。でも、私たちの日々の苦しみの多くが、善意ある者同士のすれ違い、心が触れ合いたくても、触れ合えない。理解してほしいがための言葉、行為が、かえって相手の心を閉ざす。そんな、波長の合わないもどかしさからくるのではないだろうか。そんな苦しみの夜、声がする。**「父よ、彼らをお赦しください。自分が何をしているのか知らないのです」**（ルカ23・34）。

マリアは招く

イエスを十字架につけろ、と叫んだ人々の多くは、根っから悪意があったわけではないだろう。イエスを置き去りにして逃げて行った弟子たちも、イエスを**「そんな人は知らない」**（マルコ14・71）と言ったペトロも、「何をしているのか知らなかった」。

悪の闇が、神さえも覆ってしまうかに見えた「あのとき」、人間の知恵、力の限界を超越する「あのとき」、「彼らをお赦しください」と宇宙の中心に向かって、まっすぐに叫ぶことができたのは、真の神の御子、キリストだけであった。

母マリアは、それらすべてを目の当たりにした。母のまなざしは、私の弱さ、いくじなさをとがめるまなざしではない。私が自分の弱さに打ちのめされるとき、母マリアのまなざしは、私を、さらに深い神の「痛み」に開くように、と招く。

私の弱さ、みじめさ……「にもかかわらず」、それでも私を救おうと、地に降りて来られた、愚かなまでの神の「心の痛み」。その神の「心」の反映が、神から形造られた私の心の中に、ある。マリアは、そこへと、私を招く。私の心の奥深く、私自身も知らない、神の「心」を反映している、私の中の神秘へ。

これこそ、神への「Exodus――脱出――過越」である。それは、私からの「脱出」であり、同時に、私の奥深くに存在する、私の原点、神の心の反映に「戻る」旅である。この、私からの「Exodus…脱出…」は、「解放」である。

マリア　神のいつくしみに身を委ねた者

私をがんじがらめに縛りつけているもの、「私が」のエゴからの解放。「私が」から、「あなた」への、脱出。「私が望むこと」から、「あなたの望むことが行われますように」への脱出。

「わたし」から出て、真の「わたし」の姿を見いだす旅。なにもかもが思いどおりにいかないとき、それは「脱出・解放」の旅への招きなのかもしれない。ナザレのマリアは答える。「**はい（Fiat）**、主よ、お言葉どおり、この身になりますように……」（ルカ1・38）。

私の人生の計画をくつがえした主に向かって、「力ある方が、わたしに大いなることをしてくださった」（ルカ1・49）と賛美する、このユダヤの辺境の村に住む娘の知恵は、どこからくるのだろうか？　これこそ、神による「脱出・解放」を受け入れた者の知恵ではないか。「私が」から解放され、境のない、無限に広がる神のいつくしみの海に、その身を委ねた者の知恵ではないか。

神による「解放」は、しかし、「過越」の闇へと続く。天と地が交差するところ、人の心と神の心が交差するところ、人の「やり方」と、神の「やり方」が交差するところ、自分のいのちを惜しむ私の生き方と、私を生かすために自分のいのちを差し出す神の子の生き方が交差するところ、それが十字架である。

神による「解放」は、十字架を貫くラディカルな「越境」の先、光のもれない闇の先、「約束の地——神のいのちの場」へと、私たちを導く。

全存在をかけての「越境」に身を委ね、神のいのちに入った被造物、それこそ「はい（Fiat）」を生涯生き抜いた、キリストの母、マリアである。

歌えないときの「歌」

「初心に帰れ」と言うけれど

心の底から、父である神さまに、喜びの歌が湧き出るときがある。普通の日々に、静かにささげる感謝の歌がある。あとからあとから流れ出る、苦しみの涙のときに、「どうしてですか？」と繰り返し口に出る歌がある。

そして……涙も枯れて、荒野にただ一人打ち捨てられたように感じるとき、悲しみさえも感じられなくなったとき、言葉にさえならない「歌」がある。

喜びの歌、悲しみの歌だけが、歌だと思っていた。何の感情もなく、歌さえ出て来ないときは、歌えないと思っていた。

「特集で『マリアを謳う』というものを企画いたしました……マリアと歌、みたいなことで書いていただけないでしょうか」

『カトリック生活』編集部からメールが来た。ちょうどそのとき、私はと言えば「マリアさま、そばにいてください。私はどこにいるのかわかりません。そばにいてください」と、そればかりを繰り返していた。今日はこの問題で弁護士さんに相談、明日は別の件で飛行機に乗り、こちらに電話し、あちらに問い合わせ、頭を抱えて資料を読み……。

そんな中で、ふっと、あの「誓い」の言葉を思い起こしていた。

「わたしは……神の栄光のためにわたし自身を奉献し、生涯、キリストに忠実に従う固い意志をもって……、わたしのすべてを委ねます」

修道会に入って約八年後、私が終生誓願式で誓った言葉である。すべてを委ねる、私自身を完全に明け渡す、私がしたいようにではなく、キリストに従って……。

苦しみの中であえぐとき、初心に帰れとよく言われるけれど、「あのころ疑いもなく信じていた世界の、裏側が見えてきて、人間の弱さからくるウソが見えてきて……初心に帰れなんて、無理だ」と考えてしまいがちだ。

しかし、私たちの「初心」は一人の人、イエス・キリストであり、キリストは、昨日も、今日も、永遠に変わらない。

「神さま、どうして……」

私たちキリスト者の「出発点」は、「終着点」でもある。「わたしはアルファであり、オメガである」と言われたキリスト。神の「みことば」、神の御子は「本当におとめマリアの胎の中で受肉し、本当に人間となり、本当に苦しみを受け、本当に死に、本当に復活した」――私たちのために――と、初代教会の教父たちはしつこいくらいに言い続けた。人間の知恵では理解できないことだけれど、「本当に、本当に、本当のこと」なのだ、と。

神の「みことば」が肉となった。アダムの罪のために「呪われよ」と断罪されたのは、人間ではなく、人間がそこから出た「土……肉……」であった。土から出て土に帰る。その土から、「本当に」救い主が生まれた。キリスト教の伝統は、イエスの母マリアの胎を「潔い土」と直感し、そう呼んできた。土はもはや呪われたものではなくなった。「時が満ち」、大地は開いて救い主を生んだのだ。

神の「みことば」が肉となったときから、私たちの「声にならない歌」も、それ自体がすでに歌となった。私たちの肉を、神の「みことば」がまとったときから、私たちの存在そのものが、すでに神に向かって開かれたことば、歌となった。私たちの歌は、キリストの中に神に向かって解き放たれた。

私の日々、私の周りを見渡してみる。ささいな言葉の食い違い、誤解、無関心が生み出す小さなとげは、ときに、長い間、刺さったままである。それでも神のみことばは、肉となった。それでも本当に、神は「最後の決定的なことば」を発した……キリストの中に。

なのに、なぜ、精一杯の善意があっても、言葉にすればウソになる、どんなに話しても互いの心がすれ違うことがあるのだろう？

「神さま、なんでこうなるのでしょう？　どうして通じないのでしょう？」

父である神に向かって歌えないときがある。あまりに煩雑な日々の中で、「聖なる思い」がまったく湧かないときがある。「神の栄光のために私自身を奉献し、生涯、キリストに忠実に従います」と誓ったのは、本当に私だったのだろうかと思うときがある。「初心」の、つらくても恵みに満たされた「聖なる日々」はどこに行ってしまったのだろう、と思うときがある。

祈る私が歌になる

カラカラに干からびて、嘆願の歌さえ生まれない、荒野のような私の心。それでも、一つ覚えのように繰り返す。

「マリアさま、私のそばにいてください」、「お願いです、何が何だかわかりません。どこにいるのかも、どの方向に向かっているのかもわかりません。それでも、私のそばにいてください。マリアさま、奇跡は要らない。ただ、そばにいてください。闇の中でも信じることができるように」

それは美しい賛美でも、心を打つ嘆願でもない。それでも、これが、私の今の「普通の日々」の中の「歌」である。私の、はたから見れば「俗なるもの」である、日々の職務の底を流れるリフレイン、繰り返しの「歌」である。口に出ることもあれば、心の中で繰り返されることもある。それでも、私にとっては、瞬間、瞬間を支える、繰り返しのリズムである。

マリアと歌について、何か書いてください、とメールが来たとき、「そんなことできない！」と思った。「荒野」から歌が上がるだろうかと。でも、まさに、その荒野の真っただ中に、神が「降りて」きて「人となり」、私たちの言葉は、神のみことばと共鳴できるようになった。すでに私自身が、神の懐に上る「歌」である。干からびていようと、闇の中で沈黙していようと、すでに私自身の存在が、神に開かれている「歌」である。神は、干からびている私に、言葉を絞り出せ、とは言わない。すでに、肉となった神のみことばの中に、私が言葉となっているのだから。

私そのものが歌になればいいんだ。この「私」を歌として神さまの懐に委ねればいいんだ。十字架の上のイエスさまのように……それがわかったとき、ふっと解き放たれた。そして、ある、普通の朝、掃除を終えてぽーっとしていたとき、私の瞬間、瞬間を刻んでいた歌が肉をまとい、言葉になった。


マリアさま、わたしのそばにいてください。

マリアさま、今日一日、わたしのそばにいて、わたしと共に歩いてください。

マリアさま、今日一日、わたしと共に、「闇」の中を歩いてください。

わたしたちは光ではなく、光にはなれない。光は、神さまであることを悟らせてください。

わたしたちの弱さが生み出す「闇」の中に、「光」が来るなら、それは、神さまであることを、イエス・キリストの中に完全に現わされた神さまであることを、悟らせてください。

今日の私には見えなくても、……「光」……キリスト……は闇の真っただ中に、確かに降りて来られた。そして、わたしたちの闇を身に帯びて、苦しみ、死を通り越して、今、神のいのちの中に生きておられる。そして、**「わたしはあなたがたをみなしごにはしておかない。あなたがたのところに戻って来る」（ヨハネ14・18）**、**「わたしは世の終わりまで、いつもあなたがたと共にいる」（マタイ28・20）**と約束された。

マリアさま、その約束をわからなくても信じる心に寄り添ってください。


マリアさま、あなたは光り輝く道ではなく、深い闇に閉ざされた道を歩いた。

マリアさま、あなたは、自分のためには奇跡も、慰めも求めなかった。

マリアさま、あなたは、アブラハムのように、あらゆる希望が消え失せたかのように見えるとき、希望なきときに信じた。**「信仰の創始者また完成者である」（ヘブライ12・2）**わが子、イエス・キリストを見つめながら。

マリアさま、あなたは、わが子を見つめ、その言葉、周りに起こる出来事を見つめ、「それらすべてを心に納め、思い巡らして」いた。貧しい主のはしためであるあなたは、思い巡らす中で、少しずつ、わが子の神秘に深く入り込み、神さまの「やり方」を悟っていった。最も貧しい、小さな道を選ばれる、神さまのやり方を……。

実に、イエスは、「**御自身の前にある喜びを捨て、恥をもいとわないで十字架の死を耐え忍び、神の玉座の右にお座りに**」**なった**（ヘブライ12・2）。

マリアさま、あなたは、わが子の中に現わされた、神の救いの心の、あまりの「愚かさ」を目撃し、体験した。祈りの言葉さえ枯れ果てたとき、あなた自身が祈りとなった。究極の、神のみことばに寄り添う祈り。

あなたが生きた「まったき委ね」の中に、わたしも生きることができますように。あなたと共に、「お言葉どおり、この身になりますように」と、生涯言い続けることができますように。

アーメン。

神のいのちの息吹の中で

「受け継がれ」て「受け取る」

神の大家族は、種々雑多（?）、さまざまな兄弟姉妹が集められる。ベースにある文化や倫理観念などが違ってくれば、一つになるというのがなかなか難しいこともある。そんなとき、いろいろ分析したり、意見を戦わせたりするのもいいけれど、目線をちょっと先に据えて、それに向かって一緒に進もう！とすると、なんだかいつのまにか、「重大な問題」だったはずのことが、そうでもなくなったりする。

種々雑多だからこそ、同じ家族なんだと心底感じられたとき、なんだか目の前がパア〜ッと開き、一つ壁を越え、豊かにされていくのを感じる。考え方、行動の仕方、信仰感覚に至るまで、違って当たり前なんだとわかれば、ときに（反射的に）イラッとしても、もっと先にある同じ目的に一緒に向かっているんだ、不思議だな〜と思えるゆとりが出てくる。

急きょ決まった「マリアの夕べ[*2]」。意見の相違でどんなにすったもんだしていても、「聖母賛美をします！」と言えば、ほとんどピタッと文句はやんで、みんなせっせと準備を始める。この「共同体性」はすごい。思うに、マリアの旗印のもとに！という感じで、行いも心も一つになるのだろう。

ローマで私が学んだ教皇庁立マリアヌム神学院では、ことあるごとにラテン語のマリア賛歌を歌う。さすがカトリックの国、いくつものマリア賛歌（ラテン語）を、皆、アカペラで歌うことができる。さまざまな国籍、さまざまな年齢の男女が声を一つにして同じマリア賛歌を歌うのは、感動的だ。

神の母、私たちの母、マリアへの崇敬は、私たちが理論で「わかろうとする」こと以前に、信仰の先輩たちから「受け継がれてきた」宝で、私たちは、それを喜んで「受け取る」、「受け入れる」ことなのだと思う。

亡くなった私の恩師の一人、典礼学者 Ignacio Calabuig 神父は、ずっとそのことを私たちに伝えたかったのだと、不肖な学生の私は、「今ごろ」ようやくわかり始めている……。

いのちの風は、私を解放する

サルベレジーナ（Salve Regina）の祈りが、理由はわからないけれど何となく心に沁みとおり、私たちを唯一の方へと導くのは、この祈りをほんとうに数えきれないほどの先輩たちが、苦しみの中で、喜びの中で、祈り、歌ってきたからだと思う。

思うに、人間のいのちそのものが、寄り添いの中で生かされ、受け継がれていくように造られているのだ。

神は、創造の初めから言っている。「人が独りでいるのは良くない」（創世記２・18）。

神のいのちの息吹、復活のイエスの風は、地球を回り、宇宙を包む。それは、この宇宙が、この世界が、人間が、私が、決して無目的に、偶然、突発的に生まれたものではないことを私に語りかけるいのちの風だ。

自分がどうしようもなくみじめな者に思えたときでも、九十九パーセント絶体絶命に見えたときでも、残りの一パーセントを神のいのちの風に委ねていこう。私が「存在している」ことが創造主の愛のしるしであるのだから。

戸を開ければ、九十九パーセントのネガティブな世界に、一パーセントの揺るぎない、ぶれない確かな風が入ってくる。昨日とまったく変わらない今日であっても、私の一日一日、私の喜び、悲しみ、痛みが、神の息吹の中で吹き合い、響き合いながら共鳴し、寄り添っていく。

どうなるか、先はまったく見えないけれど、不確かなものの中で賢く立ち回ることができない不器用な私なのだから、一パーセントの、スーッと貫き抜ける、天と地を結ぶ、このいのちの風に身を委ねるしかない。

その風は、私を解放する――自分のいのちを守ろうと一生懸命になることから。

その風は、私を解放する――いのちは、与えてこそ得られるものである、と私に体験させながら。

マリアに出会うとき

自分の経験から考えてみると、マリアとの出会いは、少しずつなのだと思う。なぜなら、マリアは「私を見て！」「私の話を聞いて！」とは言わないから。マリアはいつも、「この人の言うことを聞いて、行ってください」とイエスを指し示す。そう、カナの婚宴のときのように、私たちのまなざしをイエスに、さらにイエスを通して神の大きな愛に向けるのだ。

だから、なかなかマリアが見つからないからといって心配しなくていい。マリアは、私たちをとっくに知っているし、私たちをとっくに、「わが子の兄弟姉妹」として見ていてくれるのだから。

マリアに出会うとき、それは、ずっと見ていてくれた、母のまなざしと出会うときなのだ。

母マリアよ、いつまでたってもごそごそもぞと堂々巡りでパッとしない私たちだけれど、それでもあなたと共に、この宇宙を巡る風に乗っていきたい。

その風は、天地創造の前から全宇宙を包む神のいのちの風。だからこそ、マリアのように順風のときも逆風のときも、小さな日常の中に吹くいのちの風を感じ取りたいと思う。

その風に委ねながら、私の「今」、私の「現場」で、神の、ただひたすら私たちを「救いたい」、私たちと「いのちを分けたい」という心に入っていきたいと思う。

その神の救いの営みの中で、マリアと共にいのちの「横糸」を紡いでいきたいと思う。

＊2 マキシミリアノ・コルベ神父が、マリアのことを語り合いながら兄弟たちと過ごした夕べのイメージより。

孤独を感じるとき

これって、スゴイこと？

ときに、ふっと、孤独を感じることがないだろうか。

孤独、それは、人が生まれたときから、ずっと……途中で色合いは変わっても、存在の奥底で持続し続けるものだろう。一生涯。それを、否定的、悲観的に捉えるか、肯定的に捉えるか。そのあたりに、〝私〟の信仰感覚のバロメーターがあるのかもしれない。孤独を嫌なもの、そこから逃げたいものとして捉えるなら、私はずっと、〝不自由〟なままだろう。

イエス・キリストは、私たちを〝解放〟するため、自由にするため、降りて来た。とことん、徹底的に。それなのに私は、解放されないまま、自由にならないまま、自分の孤独感の中に悶々とこもっているのか。

一人では不安、仲間と一緒にいたい……。でも〝あなた〟とのかかわりは、〝私〟との、つまり孤独感の奥にいる自分とのかかわりをしっかりと見つめ、受け入れない限り、常に表面上だけのものとなる。そして、私としっかり向き合うとき、初めて、私の中にある、私の造り主の姿が見えてくる。私は、本当に、その方に似た者、その方の姿として造られた、と、頭だけではなく、それこそ、人格全体で体験する。

そのとき、孤独とは唯一ユニークな者として造られた〝私〟を、驚きをもって受け入れることである、とわかる。驚きは感謝を生み、感謝は賛美を生む。私は、私であるがゆえに、造り主に唯一ユニークな方法で、感謝、賛美をささげることができる。

これって、スゴイことではないだろうか。〝私〟は、孤独の奥底で、全宇宙の造り主であり、私を望んで、愛して、造ってくださった方に、これ以上はない最高の賛美をささげることができるのだ。

そう考えると、孤独を感じるときこそ、私の造り主である方が、私を呼んでいるときなのかもしれない。孤独の中に、もっと深く、入りなさい、と。

いつもは、ちょっと孤独に浸るくらいで、すぐ心を外に向けてしまうけれど。今こそ、もっと深く降りて、降りて……孤独の奥に、奥底に、ラディカルな交わり、かかわりを見いだしなさい、と。

そして、この年になって初めて、私が〝生きている〟、って、こんなにスゴイものだったのか、と悟る。

より深いかかわりへ

でも、イエスは私たちに、もっとスゴイことを約束している。造り主の「いのち」の中に引き込まれ、その「いのち」を生きる、という約束。そこでは、私の孤独こそ、まさに唯一、ユニークな交わり、かかわりの〝場〟であったことを知る。

さらに、その唯一ユニークな交わりが、天地創造の始めから存在する、すべてのいのちとの交わり、かかわりの場となっていく。


独り子を差し出すようにと言われたアブラハムの孤独。

絶体絶命の状況で、民を導けと命じられるモーセの孤独。

わが子からいのちを狙われるダビデの孤独。

神の民の災いを預言しなければならなかった苦悩の預言者、エレミヤの孤独。

時が満ち、神から委ねられた、前代未聞の使命の前に、神にできないことは何もない、と、ただ信じることを求められた、貧しいイスラエルの娘、マリアの孤独。

婚約者のマリアが、知らないうちに身ごもっていることを知ったヨセフの孤独。

十二歳になったわが子イエスの行い、言葉が理解できなかった両親の孤独。

一人山に退いて祈る、イエスの孤独。

ゲツセマネの園で父のみ心に「はい」と答えるイエスの孤独。

イエスを裏切ったペトロの孤独。

わが子の処刑の十字架のもとに立つ母マリアの孤独。

イエスの墓の前で泣くマグダラのマリアの孤独。

ダマスコへの道で目が見えなくなった、パウロの孤独。

二百五十年間、迫害の中で、隠れて信仰を守り続けたキリシタンたちの孤独。

アウシュビッツ収容所の餓死牢でのコルベ神父の孤独。


ふと、思う。孤独が〝自分だけのため〟〝自分に閉じこもる〟ことの結果であるならば、それは不毛の孤独、冷たい孤独であり、私たちはこの〝孤独の状態〟に耐え切れなくなる。

しかし、孤独が、あなたのため、あなたに向けて開くことの結果であるとき、それは、より深い交わり、かかわりへの招きとなる。交わりへと開かれた孤独は、しかし、やはりつらさ、苦しさ、寂しさを伴う。

それは、〝個〟として、無限の宇宙の広がりの中で、唯一、ユニークな個として、造り主の思いから出た、〝私〟の存在を受け入れることである。

祝福された「孤独」

ナザレのマリアの、あの**「フィアット（この身になりますように）」（ルカ1・38）**、それは、神の思い、私たちの救いの計画の中の決定的実現のために発せられた唯一ユニークな個であるマリアの、深淵の孤独の内奥で発せられた、全存在をかけた、「はい」である。

〃神のお告げ〃のあのとき、時が満ちたあのとき、ナザレのマリアは〃個〃である自分の全存在をかけて、自分の内奥に存在する造り主に、「フィアット（この身になりますように）」と答え、自分の存在を、その方に明け渡した。

あのとき、ナザレのマリアは、決定的に〃孤独〃であり、そして同時に、決定的に〃交わりの人〃であった。

冬は、いのちに開かれる春をすでに内包している。不毛の大地は、すでにその地中深く、いのちをはぐくんでいる。

いのちに開かれた孤独は、祝福された、開かれた孤独である。その孤独に、私自身が耐え切ることができるか。冬の大地のように、じっと春の〃時〃を待つことができるか。そのとき、初めて、私の孤独は、永遠のいのちへと開かれる。

家族

ヤギの親子の阿吽《あうん》の呼吸（？）

お母さんが右に走ると、子どもたちがみんな、ワーッとついていく。左に走ると、またみんなでワーッと追いかける。またお母さんは右に走り、子どもたちも……。こんなことを、飽きずに、何回も繰り返している。修道院で飼っている「ヤギたち」（お母さんと三匹の子どもたち）の、今朝の風景だ。

お母さんヤギは、良く言えば「自立」していて、悪く言えば、ちょっと子どもたちに無関心なところもある。係りのシスターが餌の葉っぱを持っていくと、子どもたちを押しのけて、我先に食べようとするのが、お母さんヤギ。そんなことをされても、お母さんが右に走って行けば、食べている最中であっても（食べることは、ヤギにとって、最も重要な「仕事」であるにもかかわらず）、あわてて、お母さんについていく。しかも三匹そろって、ワァーっと。

お父さんヤギは、やさしい性格だが、オスで大きいので、可動範囲は広いが一応ロープでつながれている。お母さんヤギ＋子ヤギたちが、ときに（理由なく、と私たちには思われる）急に小屋の中に入ってしまうと、外で置いてきぼりになったお父さんヤギは、悲痛な声で鳴き続ける。声が出なくなるのではないか、というほどに。別に、みんなで外にいるときに、いつも一緒にいるわけではないのだが。同じ領域に、「家族みんなが」、目に入る範囲で一緒にいる、ということで、安心するのかもしれない。

手作り、付け足しの柵なので、頑丈ではないため、あちらこちらにほころびがある。時々、柵にできた（作った？）穴を通って脱出したりもする。でも、ヤギたちは、世話をしているシスターたちにたいへん可愛がられているので、遠くに行こうという気はないらしい。柵の周りで、のんびり草を食べている。

ヤギが外に出ていると、「ヤギさんが外に出ていま〜す」と放送がある。おとなしいヤギたちだが、柵の中に入れるのはそう簡単ではない。係りのシスターたちが、策略を凝らして（だいたい餌でつって）、まずは、お母さんヤギを柵の中に入れる。すると子どもたちは自然についてくる。

ヤギの世話をしているシスターにとっては、一匹一匹、顔だけでなく、性格も違うらしい。一見おとなしそうで、いつも餌をもらうときに出遅れる子ヤギちゃん。ちゃんと食べているのかしら、と思えば、けっこうちゃっかり、体の大きなお母さんにピッタリくっついて、兄弟たちに邪魔されずに餌を食べていたりする。

何となく適当に、一家五匹、暮らしている。ヤギたちにも「阿吽の呼吸」というものがあるのかも。規定とか理屈を超えた、「何となく、適当に、一緒にいる」「みんなが、共同体の中に、自分の場所がある」「しょっちゅうけんかしていても、一人がいなくなれば、やっぱり寂しい」みたいな……。

もらってくれる相手がいる

修道院の共同生活も同じだな〜と思いながらヤギを見ていた。

私たちも修道院で、姉妹たちと一つの家族として生きているから、共に生きることが簡単ではないことは知っている。時々、修道院って「天国みたい」と勘違いしている人がいるが、同じ人間だから、当然人間につきものの弱さ、問題は修道院の生活の中にもある。

そんな「家族」(共同体)の中で、私が心底ありがたいと思うのは、「互いの賜物を受け入れ合うことができる相手がいっぱいいる」ということだ。特に私の心がもやもやするとき、一つのしぐさ、言葉、笑顔をくれる姉妹たちがたくさんいることは、何と幸いなことだろう。そのようにして、姉妹たちが、私を、もやもや、イライラから救い出してくれる。

私にとって、一緒に住んでいるシスターたちはとても大切な存在。先輩シスターたちの良い模範を見て、学ぶことができるからだ。今朝も食卓で、あのタイミングで、私だったら怒っているな〜というシチュエーションで、忍耐深く、柔和に受け答えをしていた先輩シスターがいた。そういう、普段の何でもないところで、互いに学び合うのが家族かな、と思う。

「家族」の中で学び続ける

日々の小さな事柄に追われて、大きな目的が見えなくなるとき、ちょっとした違い、自分の思うようにならないことが、私たちのチクチク、イライラ……をつくりだしてしまう。ロボットみたいに画一に同じだったら、世の中はつまらないだろうと思うけれど、「違う」からイライラする、というのが実際の私たちの弱さだ。異質なものはめんどうくさい、いらない、とついつい思ってしまう。

教皇フランシスコは、家庭のお母さん、お父さんに向かって、よく次のような内容の話をする（言葉どおりではないが、だいたいこんな感じ）。

「コマーシャルの中のような、みんないつも笑顔で仲良し、という家庭はフィクションです。近くにいるからこそ、ぶつかることもある。大切に思っているからこそ、かかわり、かかわる中でけんかもするし、皿も飛びます（!）。大切なのは、けんかをしないでいつも仲良しということではなく、互いを尊重すること、皿を投げてしまったら、あやまること。口を利かないままで、寝てしまわないことです」

自分にできる小さな善いこと、それは、小さな微笑みかもしれないし、または、ちょっと我慢して黙ることで、相手に非難の言葉を投げつけないことかもしれない。口から出た悪い言葉は、結局、自分に突き刺さってかえってくるものだ。つい頑なに反論してしまうことだってあるだろう。そんなときは「ごめんなさい、言い過ぎました」と言う。教皇フランシスコが言うように、「皿が飛んでも」、ごめんなさい、やりすぎたね……と一言。それは、たとえ相手が、まだ気持ちが収まらなくて、こちらの心を受け止めてくれないときでも、癒しの薬となる。

ときにぶつかり合うことがあっても、異なるからこそ、一人では得られない豊かさ、喜びが生み出される。自分と異なる相手の存在を認め、尊重し、大切にすることを、私たちは「家族」の中で学び続けるのだろう。一生かかって。

意のままにならない出来事

いやなものはいやだけど……

年をとればとるほど（?）、自分の思うようにならない出来事を受け入れるための心の状態、準備がしんどくなる。

集まりのメンバー、席の順番から時間割まで、小さなことの中で心の中の反乱を感じる。例えば、「あっ、いやだな、話がややこしくなりそうなメンバーだな～」、「あの人の隣に座るの、苦手……」、「午前中だったらいいのに……」等々。

いずれも、よくよく考えれば、「自分のことは棚に上げて」、つまり私がその集まりのメンバーの中で、コミュニケーションを円滑にするためにどう振る舞わなければならないか、全体の善のために何を言わなければならないか……ということは「棚に上げて」、である。

近代の高名なユダヤ人哲学者・思想家・神学者、アブラハム・ヨシュア・ヘッシェル（Abraham Joshua Heschel）の著作を、一日数ページ、ゆっくりと読んでいる。できれば、修道院の聖堂の中で、読む。私のような、人間的にも信仰の面でも未熟な者が「素晴らしい木」と言うのさえおこがましいと感じさせる懐の深く大きな本だ。同じところを読み返したり、また戻って読んだりしているので、いつ終わるともしれないが。彼の著作に触れることができるだけでも、深く感謝している。

その、ヘッシェル博士の著作によると聖書の中の「預言者」とは、単に将来のことを予言する者ではなく、神のパトス――無限で無償の愛から生じる熱情、愛するがあまり、相手と自分の境さえ超えてしまうほどの情念、と言うことができるだろうか――、人間の苦しみを自分のものとして深く苦しむ神の心に波長を合わせ、共鳴する者である。

預言者は、神の心をもって、自分の時代の人々の苦しみ、悲しみを聞き、彼らを解放する使命を帯びて遣わされている。だから、「自分の楽しみ」「自分の利益」をまったく忘れ去り、神の心――望み、意志――を、自分の心の中心に置くよう求められる。旧約聖書の偉大な預言者たち、イザヤ、エレミヤ、エゼキエル、ホセアは、真に、神の苦しみをとことん苦しむよう呼ばれた、と言えるのだ。

神の苦しみとは、ご自分の手をもって造った人間の苦しみである。ないがしろにされ、搾取され、不正を甘んじて受けている、貧しい人々（旧約聖書の中では、やもめ、孤児、異邦人たち）の叫びは、神の心をかきむしり、いても立ってもいられなくする。

自分の罪を数え上げるのではなく

ヘッシェル博士の言葉をかみしめていると、日常の小さなことの中で、「自分の意のままにならないこと」に失望したり、イライラしたりする自分は、何とみじめな者かと思う。想定外のことだからこそ、単純な「はい（フィアット）」をもって素直に受け入れられたら、どんなに大きな神の喜びとなるだろう。

ましてや……と、人生半世紀を過ぎて、やっとこのごろ、思う。私は修道者、奉献者、つまりすべてを神のお望みのままに、と公に誓願を立てた者である。自分の望みではなく、神の望みを優先させる生き方を生きる者である。しかし、私たちの愛には、私たち自身が造られた者である以上、必ず限界がある。

アシジの聖フランシスコの精神をよく表していると言われる「平和の祈り」、「愛されることではなく、愛することを望ませてください」、という祈りは、まさに、愛そのものである神（一ヨハネ4・16参照）の心の中に留まりたい、という願いの溢れだろう。

聖人たちが〝自分はみじめな「罪びと」である、あわれんでください〟と神に繰り返し祈っているのは、自分のほうを向いて、自分の「罪」を数え上げているというわけではない。そうではなく、神に心を向けて、その「愛」の無限さにただただ驚嘆し、その愛を無限に受けている自分の中にあるふさわしくない思い、行いを、神を悲しませるものとして真摯に受け取っているからなのだろう。

どの道を選びますか？

意のままにならない出来事、特に、自分にとっては苦手なことをできれば避けて通りたいと思うのは、人間的に考えれば特別なことではない。

できれば避けたいと思う意のままにならない出来事が予定されている日の朝は、自然な感情としては、憂鬱である。ここで、その憂鬱な感情に流されて、一日中、うかない顔で過ごすか、「あなたの助けで、今日のこの出来事を、喜んで受け入れ、あなたの望みのままに生きることができるよう、助けてください」と祈るか。

たぶん、このようにして日々の些細なことの中で、私の目の前に、常に、二つの道が置かれているのだろう。

神は、強制しない。神は、待つ。辛抱強く、〝私がいのちの道〟を、自分から喜んで選ぶことができるよう、私を教え導く。神の教えは、いつも心地よいとは限らない。神の声を、「今は、聞きたくない」と思うこともある。でも神は、いつも私が〝いのちの道〟を選び、神のいのちに入る道に向かって進むことを望んでいる。

主よ、今日も一日の始めに、心の中で文句を言ってしまいました。今日も小さなこと、私の小さな望みに、しがみついています。

あなたは私が〝いのちの道〟を進めるように、一つひとつ、それに反するものを、私から剥ぎ取ろうとしています。そして私は、それを手放したくないと抵抗します。

小さな事柄をとおして、自分の心の中に、あなたの愛にふさわしくない傾きがあることを教えてくださったことに感謝します。

主よ、「いやだ、いやだ」と抵抗する私を、こんなにも辛抱強く、いつくしみをもって教え導いてくださるあなたのその愛に応えるためには、あなた自身の助け、聖霊の恵みが必要です。

主よ、あなたの復活の霊を、私の心の中に吹き入れてください。今日もまた、すべてが新たになるように！

オルガン当番

オルガン奏者は大変である

最近、修道院の「オルガン当番」で、教会の祈り（聖務）のオルガン伴奏をする機会が多くなった。オルガン要員が減った、というシンプルな理由で。

教会の祈りのオルガン伴奏は、「教会の祈り」の本と、伴奏譜を同時に見ながら、「教会の祈り」の本のぺらぺらした薄いページをめくり、その日の典礼によっては、異なるページにジャンプし……と、これがけっこう忙しい。紙が薄いので洗濯ばさみで留めないと、特に夏など、窓が開いているとページがめくれてしまう。その結果、洗濯ばさみを外して、ページをめくって、また洗濯ばさみで留めて、という作業をしなければならない。

歌っている姉妹たちは、そこそこのところで、ページをめくればいいが、オルガン奏者は、最後まで音を出し続け、その後で、さっとめくる。なかなかのわざである。ページをめくるのに、もたもたし過ぎたり、間違えたりすると、姉妹たちの視線を感じるし（ときには、後ろを振り返る姉妹もいたりして)、「初心者」のころは、「当番」の週になると、典礼奉仕だから光栄、と感じながらも、ちょっと心に重く、どぎまぎしていた。

そんな私も、シスターになって二十五年が過ぎ、つまり長年、同じ「教会の祈り」のオルガン伴奏をしてきて、ほとんどオルガン譜を見なくても、指が勝手に動くようになった。無意識状態から、ふと意識を戻して弾こうとすると、かえってわからなくなったりする。

写真的記憶力の教授と、学習・経験派の私

私は、自慢ではないけれど、物覚えが極度に悪い。私にとって、何か覚えるための道は、〝学習と経験〟、ちょっとカッコよく言えば〝努力〟である。何度も何度も繰り返す。無意識のうちに体で覚え、意識しなくても口に出てくるようになるまで繰り返す。膨大な時間がかかる。でも、それ以外に覚えるすべを知らないと自覚しているので、特に苦痛は感じない。

誰かが、何かを「すぐに覚えられない!」と嘆いているのを聞くと、かえってびっくりする。私の経験からすれば、当たり前じゃない、やり始めたばっかりなのだから、と言いたいところだ。

ローマで勉強していたときの恩師、サルバトーレ教授は、私とは逆に極度に記憶力がよかった。論文を書いていたとき、教授のところで論文の直しをしていると、唐突に、「〇〇というタイトルの文書を、図書館から持ってきなさい」と言われる。

私が、「えっ? それって、誰の、何年に出した文書ですか」と聞くと、「マジかよ!(というニュ

アンスのイタリア語で）。君は、何年神学を勉強しているんだ！　○○教皇の、○○年に出した文書に決まっている（！）じゃないか」と怒られる。

そして「それは、ちょうど、世界で○○の出来事があり、教会はそれに対して○○を主張して、その実りとして出た文書だ。勉強し直せ！」となる。私が「はぁ……」と、頼りない顔をしていると、さらに「図書館の、入って三番目の棚の、上から二番目の、左から三冊目の本！」とまで。

教授は、自分で、「僕の記憶は『写真的』だ」とよく言っていた。図書館の本が在るべき場所にないと、だから、怒る。「誰だ！　本を別の場所に返した人は！」。

「そんなもん」だと思う

記憶に関して、ひたすら「学習・経験派」の私と、まさにカメラのように「カシャッ」とシャッターを切って記憶するサルバトーレ教授は、頭の構造がまるで違うのだろう。

初めてイタリアで勉強するよう派遣されたとき、イタリア語を、文字どおり一言も知らなかった。イタリア語の学校に行っても、ヨーロッパ系の学生たちの間でいつもビリ。いくら予習しても復習しても、母国語がイタリア語と語源が同じである彼らにはかなわない。ま、でも、「そんなもん」と思っていた。一年間、繰り返しても繰り返しても、まだ覚えられない言葉や文法、言い回し。そんなもんだろう。また、何年勉強したってネイティブのように話すことも理解することも無理、というのも、あきらめではなく、事実としてありのままに受け入れていたと思う。

その代わり、「学習・経験派」のメリットとして、わからなくてもひたすら繰り返していると、何とも深い「親しみ」が湧いてくることがある。イタリア語と、「親しく」なる。けんかしながら遊んでいる友達みたいに。

いまだに、イタリア語を自由に話せるわけではない。でも、まあ、ナポリ人で議論好きの教授と、口論ができるくらいには、なった。教授も、私のしつこいくらいの「食い下がり」に、ずいぶん付き合ってくれたし。

時を超えて

ユダヤ・キリスト教の歴史において、どんなに劇的な「出来事」でも、日々の「繰り返し」によって、民の、一人ひとりの心に体に染みついた信仰の力が、その源になっているのではないか、と、このごろ考える。

共同体で、姉妹たちと共に、ミサにあずかり、聖書の言葉を聞き、共同の祈りを歌い、唱えることを二十五年以上、毎日繰り返している。ときには、「無意識化」され過ぎて、口が勝手に祈りを唱えていて、心、ここにあらず、ということもある。それでも、毎日繰り返すことによって、まさに意識を超えて、何かが、心の中に積み重ねられ、刻み込められていく。

指が勝手に動く「教会の祈り」の伴奏も、いつもではないにしても、オルガンを弾きながら歌っている詩編の言葉が、じーんと心に響くことがある。三千年以上前の先輩たちが、苦しいとき、うれしいとき、神に向かって叫んだその言葉を、時を超えて、この山の中で、小さな共同体の中で、歌っているのだ。

神から造られた人間、神の〝かたどり（イメージ）〟を宿している人間が、苦悩や不条理の中で、心を閉ざし尽くす誘惑に抗い、心の内奥に宿している神に向かって叫びをあげる。それが突破口になって、苦しい思いを注ぎ出していく。

そんな詩編の言葉を歌っていると、時を超えて、私の神への叫びに重なることがあって、心を動かされるのだ。

口で言うのは簡単だけど

神のサークル

一緒にいる人々を、家族と思い、兄弟姉妹として、受け入れ合いましょう。共同体の中で、家族の中で、グループの中で。みんな、そう望んでいる。よく、わかっている。口で言うのは簡単。でも……。

「超える」ことの難しさは、人間の世界が始まって以来、ずっと続いていることなのかもしれない。「人が独りでいるのは良くない」と、創造主である神は人間を男と女に、寄り添うものとして、孤立ではなく「共同体」として造られた。人が二人いれば、すでにそこには、二つの人格があり、二つの個性があり、当然、違いがある。フィーリングが合うこともあれば、合わないこともある。

概して気は合うけれど、寝起きを共にする、となると、文句の一つも言いたくなることがある。適度の緊張をもって、身だしなみを整えて付き合っている間はいいけれど、互いのすべてがわかってしまう共同生活（私たちのような修道生活でも、家庭の中でも同じだろう）の中では、隠そうと思っていても、「あら」は見えてくるものである。そして、自分のことを棚に上げて、「こんな人だったなんて……」ということになる。

いわゆる、「ルブリョフの三位一体」イコンは不思議なイコンである。見つめれば見つめるほど、私たちの神は「サークル（円）」であることの神秘に引き込まれる。私たちの神は、孤立した独裁者ではなく、イコンの中で、アブラハムを訪れた三人の天使によって象徴された「共同体」の神である。

それぞれの特色——まさに、着衣、マントの色が、それぞれ異なる——を保ちながら、静かな、おだやかなサークルの中に息づいている。それは停止状態ではなく、まるで静かな風が吹いていくるように、互いの目線を相手に明け渡しながら、より深く、より完全に、与え合う円となっていく。

御父を象徴する天使から、聖霊を象徴する天使へ、そして御子を象徴する天使へ、そしてまた、御父を象徴する天使へと帰っていくサークルの中に吹く、風……。そしてその風は、完全な円を破って、私たち、被造物へと流れる。

風を拒む壁

私たちの神は、完全な円の中に、完全な交わりの中に生きておられながら、その円を自ら「脱出」し、地上へと、私たちの間へと降りて来られた神である。しかも、すべてを与え尽くしながら。何もかもはぎ取られるに任せながら。

主の降誕のイコンの中で、飼い葉桶に横たわる幼子は、真っ暗な洞窟の中に置かれている。深淵の洞窟――この世の苦悩の真っただ中に降ってこられた、私たちの神。

そしていのちの木となった主の十字架は、この洞窟の闇、私たちのどうしようもない心の中の闇を突き破り、それを根本から照らす。

アダムとエバは、「神のように」なりたくて、実際は、その反対のものとなった。私たちの神は、互いに与え尽くす神、風の円の中で、相手を生かす神である。アダムとエバは、「神のように」なりたかったのに、実は、互いを中傷し、相手を殺す者、相手の存在を否定する者となっていく。

私たちの神の円、それはアダムとエバが造られたとき、最初に置かれた、神のいのちの円である。アダムとエバ（私たち人間）は、それを「私のもの」にしようとした。「あなた」のものではなく、「私だけ」のものに。そして、「相手を生かす」ために存在する神のいのちから、自分自身を締め出した。

私たちは、異なる相手との間に、「あなた」との間に、サークルの風を吹かせることができない。「異質なもの」に対して、垣根を作る。壁を建てる。私たちは、小さな日常の出来事の中で、交わりではなく搾取を、見つめ合うのではなく目を伏せることを、信じることではなく疑うことを覚えてしまった。どうしたら、あの、神のいのちのサークルに帰ることができるのだろう。

「互いに、兄弟姉妹として受け入れ合いましょう」……わかっているけれど、私たちは境界線をつくりたがる。自分たちのグループをつくりたがる。そしてそれを超えることは、なんと難しいことか。

必死の思いで心を開いて、裏切られる。ほほえみを差し出して、拒まれる。真実を語って、嘘つきと呼ばれる。その果ては……。そう、その果ては？　十字架の上の、人となった神の御子を見つめる。愛して、愛して、愛し貫いて、その果ては……。あの十字架は行き止まりなのだろうか？

たとえ苦しみに倒れても

キリストの共同体は、古代から、キリストの十字架の木を「いのちの木」、私たちにいのちを与える木としてたたえてきた。驚くべき信仰の感覚である。

アダムとエバが「神になりたくて」食べた木の実。アブラハムが、その下に三人の客（天使）を迎え入れ、彼らの足を洗い、食卓を用意し、自ら給仕した「マレムの樫の木」。その下で、アブラハムは「いのち」の預言を受ける。来年、あなたの妻、サラに男の子が生まれるでしょう、と。「あなたのみ心が行われますように」と、生涯を貫いた神の御子、イエス・キリストが、その上で、「成し遂げられた」と言った、十字架の木。完成の日、天のエルサレム、神のいのちの場に植えられている、いのちの木……。

キリスト教の伝統は、天地創造の始め（創世記）から、完成の日（ヨハネの黙示録）までを貫く、それらの木を、一つの木として見ていく。木のもとで堕落が始まり、木のもとで救いが告知され、そして「時が満ち」、木をとおして救いが成就され、「終わりの日に」は、木のもとに救われたすべての人々が帰っていく。

その木は、共同体の中で成長する。開かれた心、超えられた垣根、傷ついても、裏切られても、だまされても、信頼し続ける「主の貧しい者たち」の中で、生き続ける。苦しみに倒れても、倒れても、それでも救いの営みの中で与えられているこのいのちを生き抜こうとする共同体の中で、生き続ける。

そして、ナザレのマリア、主の母マリアは、「共同体の女性」である。東方教会のイコンの中で、マリアは、ごく一部の例外を除いて、決して一人では描かれていない。また、例外なく、たとえ、一人で描かれていたとしても、私たちの目線を、見えない方《かた》に向けて導いている。

「こんなに一生懸命しているのに、もう知らない！」「誰も私のことを理解してくれない。もうやめた！」と言いたくなるとき（なんと、たびたびあることか！）、私は、「ルブリョフの三位一体」のイコンを観る（目の前になければ、心の目で、観る）、「デイシス」（執り成し）のイコンを観る。

神の国の完成のとき、神だけでなく人間も、サークルの中で息づくものとなる。誰も、「私を見て！」「私のことだけ考えて！」とは言わない。

「この人［イエス］が何か言いつけたら、そのとおりにしてください」……ガリラヤのカナの婚宴で、イエスの母は召使たちに言う。「私の言うとおりにしてください」ではなく、「道」である方、イエス・キリストを指し、「この方を見て、その声を聴き、従いなさい」と言う。これこそ、この世の真っただ中で、神の民（私たち）が生きるよう招かれている、生き方である。

神の民は、絶体絶命のように見えるとき、どこを向いたらよいのか、体験で知っている民である。神の民の娘であるマリアは、私たちに、「道」を示し続ける。「この人を見なさい」、と。

ナイジェリア、ビザ申請物語

胃が痛くなる思いで……

アフリカのナイジェリアで開催予定のマリア論の国際会議に招待された。修道会の長上と相談し、招待を受けることにした。

教皇庁立国際マリアン・アカデミー長官ステファノ神父も参加するのでローマで合流してナイジェリアに行くことにして、まずローマまでの飛行機の往復切符を買う。こちらで準備できる書類は、すべて揃った。予防接種（黄熱）の予約も取った。あとはナイジェリアからの書類を揃えて、渡航ビザを申請するだけ。ビザを代行してくれる旅行代理店も見つけた。ここまでは順調、ところが……。

一番肝心の、現地ナイジェリアからの必要書類（日本のナイジェリア大使館宛ての「招聘状《しょうへいじょう》」、ナイジェリアへの往復航空券のコピー、滞在場所の確認書）が届かない。そこで会議主催者のA教授に「催促メール」を送ることになる。

初めは日本人的感覚で、あんまりしつこいと申し訳ないと思っていた。でも申請締め切りは、刻々と迫ってくる。一度で書類審査がパスするとは限らないので、出発前三週間以上の猶予が必要だ。今日は何か連絡があるかと胃が痛くなる思いで待ちつつ、タイムリミット二カ月前になると〝しつこいのでは〟とか。〝失礼では〟という感覚を捨て、ほとんど一日おきにA教授にメールを出し始める。

ローマ行きの航空券のキャンセルもできないから、修道会の長上と相談して、もしナイジェリアに行けない場合は、ポーランドの共同体を訪問するという「セーフティーネット」を設定する。

ビザ申請締め切り一カ月前。あまりにも返事がないので、今度は「Urgent（緊急）」というタイトルで、「〇〇日までに書類が届かなければ、ビザがもらえないので、ナイジェリア行きを**あきらめなければならない**。私は**とっても行きたい**と願っている。**後生だから**必要書類を**できるだけ早く**送ってください」とメールする（太字原文ママ）。

このメールにA教授からやっと返事が来た。「今、書類を揃えている。すぐに送ります」。

「私にとって」慣れ親しんだ速度

それから二週間、二度目の「Urgent」メールを送る。

「まだ届いていません。あと〇日待っても来なかったら、**とっても残念ですがキャンセルします**」

A教授「大丈夫、明日、送ります」、それから数日、まだ来ない。

三度目のUrgentメール。「もう、他の予定を考え始めています。あと一週間待ちます。それでも書類が届かなかったら、ナイジェリアには**行きません**」

私は行きたいんですよ、というニュアンスを思い切り込めた（つもり）。そして、三カ月目にして、やっと届いた三つの書類。

A教授「いろいろあって……遅くなったかな。ごめんなさい」

何となく「なんでそんなにあせるの？」というような口調を感じてしまうのは、私の考え過ぎ？

必要書類が揃ったので、ビザ申請の代行を依頼している旅行会社のMさんにメールをするとすぐに「まだ郵送しないでください。その前に確認するので、書類のコピーを送ってください」との電話がきた。コピーを送ると、数時間後にMさんから電話。

「ナイジェリアからの招聘状はミーティングに招待、となっていますが、業務ビザではなく観光ビザでいいですか？」

「ローマから参加するイタリア人たちは観光ビザを申請すると言っていますす」

「わかりました。それでは『理由書』を少し変更して送りますので、確認してください」とMさん。

しばらくすると、英文の「理由書」がメールに添付されてくる。「観光予定」の名所をMさんがピックアップして、その中から選ぶように指示があった。私はあちらでの予定はわからないので、美術館、滝、海と適当に選んでMさんに送る。するとMさんから返事。「お選びになった場所を調べてみたら離れすぎていて、この日程では網羅できない場所も含まれていましたので、多少変更しました。これから、こちらで正式な申請書を作成して送りますので、これでよかったら署名をして、必要書類全部と一緒に簡易書留ではなく書留で送ってください」

数日ですべてが整った。仕事とはいえ、なんと手際よく行き届いた対応か！　そして改めて、このMさんとの連絡スピードが、日本人の私にとって慣れ親しんだ速度なのだと考えさせられた。

「違い」を経験し、「私の世界」から飛び出そう

時間感覚の違いは、その背景にある文化、価値観、道徳的感覚の違いをも含んでいると思う。笑ってすませられるうちはいいが、一つ一つが目につく、神経に障るとなると、空間や時間を共有するのは、お互いにたいへんである。

A教授に、「やっとすべての書類が揃ったので、月曜日にビザを申請します。問題なくビザがもらえればいいけど」と書いた。翌朝、A教授から「よかった、よかった。大丈夫、きっとうまくいくよ。会えるのを待っています！」と根っから明るい返事。こちらの、ときに胃が痛くなったほどのイライラと、A教授の「なんで？」という感覚のギャップに、思わず笑ってしまった。「違い」を経験することによって私たちは、私の考え方、やり方、振る舞い方が唯一、一番という小さい「私の世界」から、少しずつ出ていくことを学んでいくのだろう。迷惑をかけるか、かけないか、失礼だと思うか、思わないか、当たり前だとか、おかしいとか、そのような人間主体の考え方はいつでも相対的だ。

ゆるがない価値観、道徳観は、個々の人間を超えたところ、造られた者である人間の創造主が主体となるところにあるのだろう。だから、「創造主主体」の道徳観（一つ一つの生命の尊厳、人間の同等の価値、自然を守る）が、「人間主体」の道徳観（私にとって大切、都合がいい、便利）にシフトしてしまうと、もはや「共通の家」としての世界は造り出せなくなるのかもしれない。

A教授は心から、私がナイジェリアに行くことを喜んでいる。共に出会い、集まることを喜んでいる。A教授が憎めないのも、彼の善良さが「相手主体」になっているからだ。ビザが取れたら、そしてナイジェリアに行ってA教授に会えたら、どんなに素敵だろう。

「地元の病院」に通う

その土地を実感する

やさしくて人気（？）のH先生の担当日に、いつものように定期通院。でも、いつも車が一杯で停めるところを探すのに苦労する駐車場が、がら空き。思わず「えっ？　H先生、休み？」と、そちらに思考がいく。

車を降りると、やはり通院に来たおばあちゃんが、「今日は、人が少なかとですね～」と、私に声をかけてくる。おばあちゃんと一緒に病院に入ると、待合室もがら空き。H先生の担当日には、二時間以上待つこともざらではないのに。

名前をすぐに呼ばれて行くと、H先生は、いた。「今日は、人が少ないですね～」と看護師さんに言うと、「そうですね～。稲刈りだからじゃなかとですか」。

地元の病院に四週間に一度の定期通院を始めて数カ月（お恵みで、いたって健康だけれど、骨密度が問題らしい）。あまり病院に通ったことのない私にとって、始めのころは何となく場違いな感じがしていた。でも、だんだん〝地元感〟の良さを発見するようになってきている。

確かに、車の窓から、田植え、稲刈りの風景は見ている。だけど、いつも通院してきているおじいちゃん、おばあちゃんが、実際に稲刈りで通院を休んでいると思うと、何か、季節感がぐっと現実味を帯びてくる。

確かに、最近、台風をはじめとして天気が悪かった。今日は、秋晴れ。そうか、みんな、体が痛いことより、まず稲刈りなのか……。

そういえば、と、思い出した。東日本大震災後の、岩手県のある町で、ボランティアをしていたとき。学童支援センターにいつも来ていたお兄さんが、いなかった。

「〇〇先生は休みですか？」と聞くと、「わかめ採りに行っている。彼は漁師だから」との答え。そのとき、この町はこうやって、少しずつ、地道に復興しているのだな、と実感したっけ。

その町で、カトリック教会のボランティア活動を立ち上げた故F神父が言っていた。私たち、長崎で三つの修道女会が協力して生まれた「みつあみの会」が被災地にボランティアを送ることを計画し、「でも、私たちに何ができるでしょうか？」と尋ねたときだ。

「とにかく、まず、現地に行ってください。地元の空気を吸い、地元の店で買い物をし、地元の食材を買って味わい……。人々と『ともにいる』、同じ空気を吸う、それが、すでにボランティアです」

F神父は、「その土地その土地で異なる『空気』、『雰囲気』は、決して言葉では通じない。ニュースで見ただけでも感じることはできない。自分が、地元に行かなければわからない」と言っていた。初めて、その町に行ったとき、それはすぐにわかった。理屈ではなく、体で。

〝地元感〟の心地よさ

地元の病院の待合室では、病気の話よりも、「あんたの息子、嫁さんもらうってな〜」、「〇〇さんのとこ、男の子が生まれしゃったとよ〜」、「母ちゃん、元気にしとるとね？」と、単なる挨拶や好奇心以上に、寄り添う心、関心をもっている心に出会う。

キリスト教のある伝統は、ナザレのマリアが、神の使いのお告げを受けたとき（受胎告知）、最初の部分は、マリアが井戸に水を汲みに行ったときだった、と語っている。それが事実かどうかはともかく、このような、人類の歴史の中で最も偉大な出来事の一つが、小さな村の〝普段性〟〝日常性〟の中で起きたと考えることが、私は好きだ。

地元の待合室での、何気ない寄り添いのひととき。稲刈りの時期には人が少なく、雨が続くと人の多い、待合室。「おはようございます」と挨拶すれば、恥ずかしそうに答えてくれる、おじいちゃん、おばあちゃんたち。

通院を始めたこともあり、初めて特定健康診断も、この地元の病院で受けた。長い付き合いの看護師さんたち。すべての診断（胃カメラも）で、ベールを取らなくていいです、と言われ、〝地元感〟からくる何とも言えない温かさに、すっかりリラックスした。

「地元の病院」の待合室で

都会の有名病院ではないから、高度な治療を受けるわけにはいかないかもしれない。もしかしたら、病気が発見されなかった、ということがあるかもしれない。

でも、六十歳も過ぎれば、あとは〝返す〟人生。今まで、私だけでなく、先輩たちがお世話になった地域の人々の中で、今日は調子が良いとか悪いとか、痛いとか痛くないとか、よく眠れたとか眠れなかったとか、そんなことをくり返しながら一緒に〝返していく〟ことができたらいい、と思うようになった。

天国にはいつかは行くんだ。それが一年早くても、一年遅くても、同じ共同体のシスターたちだけでなく、地元のおじいちゃん、おばあちゃんたちと一緒に行くほうがいい。

だって、こうやって、だんだん中古車になってきた自分の体と付き合いながら、ときにはつぶやきながら、それでも寄り添いながら、いたわりながら、共に今まで、歩いてきたのだから。

教皇フランシスコは、二〇一八年のシノドス（世界代表司教会議）で、集まった若者たちに語りかけた。

いただいた賜物であるいのちを、あたかも自分だけのものであるかのように考え、先人たちに耳を傾けることなく、「わたしが」好きなように生きようとするとき、わたしたちは迷路に入り、行き詰まり、閉じこもる。「いのち」に開かれていないからだ。
わたしたちを解放するのは、自由にするのは、「あなた」の、そして特に最も小さな「あなた」の「いのち」である。「わたし」が「あなた」に中心を譲るとき、わたしたちは癒され、ゆるされ、解放される。

「地元の病院」の待合室で、今日も、いろいろなことを考えている。人生は、いくつになっても、学ぶことに満ちている。

もし〝謙虚に〟〝耳を傾ける〟ことを知っているなら……。祈りつつ。

ゆでたまごエピソード

「ゆで」の漢字が出てこない

朝食で「ゆでたまご」が二つ、残った。共同生活なので、姉妹たちが「生たまご」と間違えないよう、小さなビニールに入れて、「茹で」と書いて、と言われた。「は～い」と答え、マジックペンを持って……ハタ、と考えた。

「ゆで」の漢字が出てこない。頭の中に、それらしき「形」は出てくるのだけど、どうも、ちょっと違う。考えれば、考えるほど、わからなくなる。結局、平仮名で「ゆで」と書いた。

「ゆでたまごエピソード」のあと、考えた。「茹で」という字を見れば、「わかってるよ～」と言うだろう。でも、（私の場合）書けなかった。パソコンや機械が、私のために漢字に変換してくれることに慣れ過ぎて、頭で、目で、わかっていることと、手で、体で、わかっていることが、つながらなくなっている。

「茹で」と、目で見ればわかる。でも、手で書こうとしたら、できない。頭で「当然」と考えていることが、必ずしも、手で、足で、体で、自然の行動として現れるとは限らない。頭でわかっていることが、必ずしも、心につながるとは限らない。

キリスト者のアイデンティティー

教皇フランシスコは、二〇一九年十一月二日、死者の日、ローマ郊外のプリシッラのカタコンベでミサをささげ、キリスト者たちに向かって、「あなたの身分証明書は、これです」と、「福音書」を示した。教会内のどんな活動も、どんな会（祈りの会、使徒的活動の会等）も、「これを持たないなら、まったく意味がありません」と言って。

教皇は、どこに行っても、キリスト者のアイデンティティーは、「真福八端《しんぷくはったん》」（マタイ5・1〜12参照）だと繰り返す。カタコンベに葬られている殉教者、キリストの証し人たちは、このように生きた。そして、今も全世界で、たくさんのキリスト者がこのように生きている。教皇は言い切る。

「もしあなたが、このように生きるなら、あなたはキリスト者です。あなたは、このように生きるか、それとも、キリスト者でないか、です。他にはありません。キリスト者にとって、『中間』はありません」、「(この生き方なしには、キリスト者の）アイデンティティーはありません。キリスト者である『振り』（見せかけ）はありますが、アイデンティティーはありません」

「そんなこと言ったって、無理です、どうやってそのように生きたらよいのかわかりません」と言う人に、教皇は、理解の助けとして「マタイ25章」（「最後の審判」の箇所31〜46節）を示す。私たちは、終わりの日に、このように裁かれるだろう。だから、言い訳や回り道なしに、単純に「真福八端」を生きなさい、と。

教皇フランシスコは、さらに続ける。この世の中で、キリスト者の「居場所」はどこか？「わたしたちは、決して、特権的な場所はもっていません。『資格（身分）のある』キリスト者は…『キリスト者である』ことを放棄する危険を冒しています」

私たちの居場所は「神の傷ついた手の中」に

それでは、キリスト者の居場所はどこなのだろうか？　教皇は、旧約聖書の知恵の書（3・1参照）をもって、単純に答える。「キリスト者の場所は、神の手の中です。神が望む場所です」。

そして、その神の手は、きれいな、上品な手ではなく、「愛によって傷つけられた手」だ、と。父である神の手は、ご自分の子を私たちのために「賜物」として与えたことによって、傷つけられた手。父である神の手は、ご自分の子の手と一つである。

「御子は、自分自身に傷を運ぶことを望みました。それら〔傷〕を父に見せ、わたしたちのために執り成すために」

だから、イエスの執り成しこそ、私たちがいるべき場所、「神の手」である。「何が起こっても――たとえ十字架でも――、『その場所』で、わたしたちは確か（安全）です。わたしたちのアイデンティティー、〔福音書〕は、わたしたちが〔キリストのために〕迫害されるとき、人々がわたしたちに対してあらゆる、いわれのない悪口を言うとき、わたしたちは幸いだと言っています。（そういうときでも）もしわたしたちが、愛で傷ついた神の手の中にいるなら、わたしたちは確かです」。

だから、私たちの「居場所」は、神の「傷ついた手」の中だ。

「ゆでたまご」と新しい発見

「出て行きなさい（出向いて行きなさい）」と、パパ・フランシスコは、教皇職の始めから訴え続けている（『福音の喜び』参照）。

最も困難な「出て行くこと」は「わたし自身から」出て行くことだ、と教皇は言う。「私」から出て行くことによって初めて、私は、いのちの主へと導く扉を開ける。

「いのちの主」を日々の生活の真ん中に置く人は、「私」の心配事、悩みの中に閉じこもらない。私は真ん中に何を置いて生きているか、自問してください、とパパは促す。

「わたしは、困っている人の状況に、心を動かされるに任せているだろうか。苦しんでいる人のために、泣くことができるだろうか。誰からも思われていない人のために、祈っているだろうか。何もお返しができない人を、助けているだろうか」

つまり他者の痛みを、頭でわかっていることではなく、心で、腹の底で感じているか。その傷を、自分の傷として感じているか――イエスがしたように。

私は、自分自身の行いによって「天と地を結ぶ橋」となっているか。

「茹」の漢字を、頭で知っているだけでは、十分ではない。自分の手で、体で、それを表すことができなければ、それは、パソコン依存の知識であり、私自身の知識とはなっていない。「ゆでたまご」と、死者の日の教皇フランシスコの言葉が共鳴した朝。大げさな思考のジャンプかな？

でも、人生、毎日、新しい発見。サプライズの神に感謝と賛美。

そうやって、世界は回っている

おこがましい話だが、「才女」と誤解されることが、まれにだけれど、ある。みんなの前で話したり、何かを書いたりしているからだろうか。

さて、私は「才女」？　一緒に住んでいるシスターたちは、私のことを隅から隅まで知っているから、冗談でもそんなことは言わないし、考えてもいないと思う。

私は、かなり抜けている。方向と数字には致命的に弱い。先日、日韓総長会のスタッフとして沖縄に行ったときも、滞在中、モノレールの駅を降りて教会に行く方向が最後までわからなかった。航空券の予約を、丸一カ月間違えたことも……。

「食器洗い」の才能？

それでも最近、やっと、私にも才能があるのかな～と思ったことがある。「食器洗い」だ。以前、被災地ボランティアで、何度か、「シスター、食器洗い、上手ね～」と言われたことがある。それを、修道院に帰ってからシスターたちに言うと、「ほかに褒めることがなかったからじゃない？」と、半分冗談、半分本気で言われ、私自身、妙に納得していた。

でも、先日、修道院に数日間滞在していたお客さまの食器洗いをしていたら、シスターたちに「岡シスターは、食器洗い上手ね～」と、言われた。一緒に住んでいるシスターたちが認めてくれたのだから、これはもう、間違いない。そう、私には食器洗いの才能があるのかも。

昔、寮生活をしていたとき、二百人近くの食器をみんなで洗ったものだ。食器消毒器などというものはなかった。鍋にお湯を沸かして、それにつけて消毒していたような気がする。

食器洗いも、結構、頭を使う。何から洗ったらいいか。同じものは、まとめて洗おう。このスペースでは、どのように動くのがいいのか。こうしてみよう、ああしてみよう……。おまけに、パソコン画面から離れて食器を洗っていると、ときに仕事のアイデアが浮かんだりする。そう考えると、食器洗いも、楽しくなってくる！

私の苦手とあなたの得意

沖縄で開催された日韓総長会での話。私は四人のスタッフの一人として参加した。一人は通訳で、私を含めた残りの三人が、その他もろもろの奉仕を務めた。六日間の日程で、一人二日ずつ、記録を取ることになった。

記録のほかには、写真を撮り、編集し、ＬＩＮＥにアップし、アルバムを作り、ＢＧＭを考え、という仕事。私は最初の記録係となった。二日間、私が記録を取り終わった段階で、次の記録係を担当する予定のSシスターが言った。

「記録を書くのって、苦手なんですよね〜」

私は、びっくりした。記録を書くのは、みんな、好きだと思っていたからだ。

「えっ？　そうなの？　私、記録を取ることは、ぜんぜん苦にならない。というより、結構、楽しい。私が六日間、全部記録を取りましょうか？」

ほかの二人のスタッフは喜んだ。

「え〜、いいんですか〜？　感謝です！」

私も感謝である。写真を撮ったり音楽の編集をしたり、実はそれらは、私が苦手とする仕事だったのだ。

「才女」はいろんなところで活躍している

私は書くことは、ほとんど苦にならない。神がくださる経験を、〝晴れ〟の経験も、〝雨〟の経験も、独り言で書き綴る。そして時々、友人たちと共有する。むしろ、書きすぎるくらいかもしれない。ほかの人が苦手なことでも、私が楽しんでできることもある。それに、みんなが苦手なこともみんなですれば、疲れても、結構、楽しかったりする。

「私にはできない、ぜったいできない〜」と閉じこもっていたら、楽しくないし、何も生まれない。できること、ちょっと得意なことを出し合って、共有すれば、新しいものが生まれる。仕事が楽しくなる。

食器洗いだって、苦手な人もいるだろう。「掃除、好きです！」って言うシスターもいるけれど、好きじゃない人もいるだろうし……。神さまは、ちゃんと考えてくれている。私が苦手なことを、好きでやってくれる人が、どこかにいる。「才女」たち、は結構いろんなところで活躍しているのだ！

今日もまた、神に感謝

それでも、自分の専門分野で話をするとき、聖霊が働くと感じることがある。これは、その人物の個人的才能や能力、つまり才女であるかないかとは関係がないと思う。

私の場合、託された使命のなかで、私が神の〝器〟である限り、神のことばを運ぶことができるのではないかと考えている。そして〝器〟が貧しければ貧しいほど、神は特別にケアしてくれるような気がする。

というより、ケアしなければ、この〝たよりない器〟は、神の使命を行えないから。聖霊が働くとき、それは、私が〝たよりない貧しい器〟だから。

これは、謙遜ではなく、近ごろますます確信していることだ。神は、私たち一人ひとりに、ご自分の夢の実現のために、使命を与えている。ときにそれは、人間の目から見ればきわめて小さな、些細な使命かもしれない。でも、神の目から見れば、どの使命も、同じように尊く、大切だ。

神の夢、それは「交わり（コムニオ）」だと言えるだろう。私たちは、一人ひとり違う。でも「共に歩む」。同じ神の子として、神が一人ひとりの子を大切にする、その心を運んで、共に歩むこと。

私たちは、その夢の実現のために、使命を与えられているのだ。〝たよりない貧しい器〟をとおして聖霊が働くなら、それがために、これこそ神が私に託している使命なのだと気づく。至らない部分も含め、ありのままを受け入れてくれている（我慢してくれている）姉妹たちと共に、今日もまた、神に感謝し、賛美して生きている。

そうやって、世界は回っているのかもしれない。

「異常」を「日常」に戻す、母の存在

キムチと復活のたまご

二〇二〇年、キリスト教の核心である、主の受難・死・復活を記念する聖なる一週間（「聖週間」）。新型コロナウイルスの世界的流行のため、私たち修道者も含めて信者は、この最も大切な聖週間の儀式に直接あずかることができない、という「異常」な状況を経験した。

私の住む本部修道院では、「密集」を避けるため、ばらばらに座った聖堂の中で、しかし共同で、その日の典礼の聖書朗読を聞き、沈黙のうちに黙想し、祈って、これらの日々を過ごした。教皇フランシスコ自身も、バチカンの、ほとんど空の聖ペトロ大聖堂、または聖ペトロ広場で、一人で、会衆不在の儀式をささげた。

しかしそれらの儀式は、インターネットを通じて世界中に配信された。教皇の説教、メッセージはすべて、バチカンのＨＰに、主要なヨーロッパの言語、アラブ語でアップされる。バチカン放送の日本語部門ＨＰでは、それらの要約（時に全訳）が出る。バチカンの新聞『オッセルバトーレ・ロマーノ』紙は、バックナンバーは有料だが、その日のものは無料で読むことができる。

アンテナを研ぎ澄ましていると、さまざまなメッセージを受け取ることができる。私はできる限り、バチカンからのメッセージを訳し、要約し、写真も添えて、修道院の三階廊下の掲示板に貼って共有した。

そのようにして、この「異常」な状況を過ごしていた聖土曜日。朝の祈りが終わって、朝食、食器洗い。炊事場に行くとHシスターが、数日前に作った小葱のキムチの出来具合を見ている。私を見つけると、私がキムチに目がないのを知っているので「シスター、シスター、食べてみて」と声をかけてくれた。

「おいしい!」

「明日(復活の主日)、出していいかな?」

「もちろん!」

食器洗いが終わって受付に行くと、湯沸かし室でBシスターが、ピンクや黄色に色をつけた復活のたまごを作っている。「今日、神父さまが祝福に来てくださるから」と嬉しそう。「普通」は復活ミサの後に祝福していただくのだが、今年はミサがない。でも祝福のために、神父さまがわざわざ来てくださるそうだ。

キムチに復活たまご。私が好きな、お母さんの日常性。「お母さんの日常性」は、私たちを「異常」から「日常」に戻してくれる。私はいつもそう感じてきたけれど、今日は特別、そう感じた。

心を和にし、気を平らかに

　コロナウイルスの世界的流行という「異常」の中でも、お母さんの心は、周りの人々の生活に気を配る。主の復活のお祝いのために、キムチを作り、復活のたまごを作る。それはとても小さなこと。そう、小さなことだ。でも、このお母さんの心が、私たちに「普通さ」を取り戻す。神の気遣いも、神のまなざしも、きっとこのようなのだろう。あまりにも普通だから、気づかない。でも、いつも、子どもたち（私たち）の上に注がれている。

　この「異常」について分析し、防止対策を立て、決断することは重要だ。しかし「異常」な状況の中では、必ず人々の不安な心を煽るフェイクニュース、それを利用して利益を得ようとする詐欺、〇〇の予言……の類が出てくる。それによってパニックになる心を「日常」に戻すのは、一人では、なかなかできない。今、「お母さんの心」がつくりだす「普通」の大切さに気づくときかもしれない。

「人の身は父母を本《もと》とし、天地を初《はじ》めとす」という一文から始まる、江戸時代の福岡藩の儒学者、貝原益軒《かいばらえきけん》が書いた『養生訓《ようじょうくん》』。益軒は、この書をもって、自分の身体を一本の「木」として捉え、豊かな果実を実らせて、世のため人のために役立ち、それをもって幸せに長生きできるよう、その「木」を世話する「術」を具体的に説いた、と伊勢雅臣《いせまさおみ》氏は説明する。（『世界が称賛する日本人が知らない日本』、育鵬社）『養生訓』のなかで益軒は言う。

「養生の術は先ず心気を養ふべし。心を和《やわらか》にし、気を平《たい》らかに……」

姿勢を正し、呼吸を整える。ふーっと息を静かに、長く、吐く。それはみな「普通」を取り戻すこと、とも言えないだろうか。お母さんの心は、「心を和にし、気を平らかに」することに繋がらないだろうか。

母はあきらめない

嵐（苦難、試練）のとき、「母のマントのもとに逃れる」という、キリスト教伝統を思う。恐れ、怒り、不安から逃れ、心の中のパニックを鎮めるために、「母」のもとに避難する。そこで人は、「普通」を取り戻し、ものごとをより大きな視野の中に置き、最終目的地を再確認し、方向を定め、歩み出すことができるのだろう。

「神のみ母よ、わたしたちはご保護をあおぎます……」今日も世界中で、キリストの民は、この古代の祈り「Sub tuum praesidium」（三世紀後半のものと言われる）を唱えている。

イエスの母は、わが子の十字架刑という「異常」な状況の中で、母の心が促すままに、子の傍らに立った。叫ぶのでもなく、取り乱すのでもなく、ただ、子のそばに「居る」。それは何と偉大な「普通」だろう。母はあきらめない。「神の沈黙」の三日間、神の民の「希望」は、この「母」の希望の中に集約された、と教会は教える。

［イエスの十字架のとき、］悲しみの剣があなたの心を貫きました。希望は死んだのでしょうか。世は決定的に光を失い、人生は目的を失ったままなのでしょうか。［中略］十字架のもとで、イエスのことばによって、あなたは信じる者の母となりました。信仰によって、あなたは聖土曜日の暗闇の中でも確かな希望を抱きました。この信仰のうちに、あなたは復活の朝に向けて歩みました。［中略］神の母にして、わたしたちの母である聖マリア。［中略］海の星よ、わたしたちを照らし、旅路を歩むわたしたちを導いてください。

（ベネディクト十六世 回勅『希望による救い』50項）

あとがき

「シスターの連載を本にしたいという出版社の方がいらっしゃいます。正直、私にとってはわが子を手離すような寂しさもありますが、カトリック系より、一般の出版社からの方が、シスターの声がより多くの方に届くのではないかと思います。もしシスターがよければ連絡してください」。『カトリック生活』の金澤さんからメールが来た。

連載が百回以上も続いていることだけでも「奇跡」だと思っていた私。とても「びっくり」した。どんな方なんだろう、なぜ本にしたいと思ったんだろう……。コロナ感染症拡大の中で、直接お会いすることは出来ず、オンラインで初めて「会った」市川さんは、若いきれいなお嬢さんだった（このように書くと、ひじょうに陳腐に聞こえるが、私の率直な感想）。で、再び「びっくり」。

私の記事を本にしたいというくらいだから、この世のみじめさも、人間の弱さも知り尽くして、いつくしみをもってすべてを包んでいる年配の方かと思っていた。ところが、市川さんはまだ若い。「コロナ感染症拡大防止のため、ミサにも行けず秘跡にもあずかれない日が続いていました。そんなとき、シスターの連載記事を読んで、とても力をいただいたんです。ありのままのシスターの言葉が、私に勇気をくれました。ぜひ、多くの方に読んでいただきたいと思ったんです」と市川さんはおっしゃった。

市川さんに、私の記事でよければ、どうぞ自由に選んでください、と話し、しばらくしてから、彼女が選んだ草稿が送られてきた。それで、三度目の「びっくり」。

実は、私自身、修道会の統治に関わったりする中で、「主よ、助けてください。光をください。罪深い私をあわれんでください……」と祈る日々が、けっこう長く続いたことがあった。『カトリック生活』の連載は、「まえがき」でも書いたように私の「独り言」がベースになっているので、自然と、その「悶々モード」は記事に反映する。暗闇の中の光、とか、罪びとを見つめる主のいつくしみ深いまなざし、とか、主の無償の赦し、とか、「深刻な話」が続いた期間がある。自分ではあまり自覚していなかったが、ある時、金澤さんが控えめに言ってくださった。「私たちの雑誌の中で、シスターの記事は、読んでほっとするものであってほしいんです。できたらもう少し明るい話題になりませんか」。「あ、そうか、日々の単純なことの中に喜びを見つける、そんな、マリアと共に生きる者の『独り言』であるべきなんだ」、と、それから「素朴な信仰の喜びモード」に転換した。

ところが、若い市川さんが選んだ多くの記事は、まさに「悶々モード」のもの。ありのままの悩みを、主の前にそのまま差し出した言葉だった。主のやり方は面白い。いつでも「サプライズ」。

金澤さん、市川さん、修道会の姉妹たち、多くの友人たちとの「共同制作」を、復活の主の霊が満たし、導いてくださったと感じている。だから、感謝、感謝、感謝。それしかない。

「私の魂は主を崇め、私の霊は救い主である神を喜びたたえます。この卑しい仕え女に目を留めてくださったからです」。今日も、マリアと共に歩む旅路から生まれる「独り言」を、主に捧げていこう。祈りつつ。

二〇二一年八月末日

chapter 2：「普通の日々」に吹く神さまの風

初出一覧

本書はドン・ボスコ社発行の月刊誌『カトリック生活』で連載されている「マリアの風に乗って」を再編集したものである。以下に本書内に収録した記事の掲載号・頁を示す。

chapter 1：神さまに心の目を開いて

「待つ」心　（※初出タイトルは、「待つ」こころ）	2011年12月号 18-19頁
マリアの風にすべて委ねて	2012年 1月号 24-25頁
「風」に乗る旅路	2012年 2月号 26-27頁
愛がなければ……	2012年 3月号 28-29頁
神のことばに「形造られる」	2013年 2月号 28-29頁
「良い知らせ」を告げる勇気	2014年 3月号 28-29頁
そしてゆるしは平和となった	2014年 8月号 30-31頁
信頼して待つ	2016年 9月号 32-33頁
神のロジック	2016年 3月号 24-25頁
「いい気になりたい」誘惑	2012年12月号 28-29頁
勇気をもって寄り添う	2015年 4月号 34-35頁
背伸びしないで、謙虚になる	2015年 6月号 34-35頁
神の沈黙	2017年 2月号 36-37頁
誰も私をわかってくれない？	2013年10月号 28-29頁
キリスト者はボーっとしているヒマはない！	2017年 3月号 34-35頁
恐れずに、出ていこう	2018年 7月号 32-33頁
一緒に伝えていく「記憶」	2018年12月号 20-21頁
あの人のせいで……から自由になるとき	2020年 3月号 28-29頁

岡 立子［おか りつこ］

茨城県生まれ。けがれなき聖母の騎士聖フランシスコ修道女会会員。本部修道院（長崎県）在住。

1992〜1996年に教皇庁立ウルバノ大学で「宣教霊性神学」を、1999〜2006年に教皇庁立マリアヌム神学院で「マリア論（Mariology）」を学ぶ。2006年、マリア論専攻、神学博士課程修了。同年より、教皇庁立国際マリアン・アカデミー（通称 PAMI）通信会員。2012年、正会員（Socios ordinarios）の任命を受け、PAMIの活動を世界各地で実現する任務を託される。

2009年度より、日本カトリック神学院、福岡キャンパス（現福岡カトリック神学院）でマリア論の授業を担当。現在、アジア地区、特に日本・韓国地区で、PAMIの目的に沿った具体的な活動を模索中。

2020年、PAMIの委託で「マリア論オンライン講座」日本語版を開始。

マリアの風に乗って

2021年9月22日　初版第1刷発行

著　者　岡 立子
発行者　阿部黄瀬
発行所　株式会社 教育評論社
〒103-0001
東京都中央区日本橋小伝馬町1-5 PMO日本橋江戸通
TEL 03-3664-5851
FAX 03-3664-5816
http://www.kyohyo.co.jp
印刷製本　萩原印刷株式会社

ISBN 978-4-86624-045-9　C0016

定価はカバーに表示してあります。落丁本・乱丁本はお取り替え致します。